알라의 나라 이슬람 (중세 유럽 세계를 압도하다)

서구인의 시각이 아닌 우리의 시각으로 살펴보는 이슬람의 역사와 문화.

오스만 제국의 전성기

[알라의 나라 이슬람] 주요 연표

CE		
	·570년	쿠라이쉬 부족의 하쉼 가문에서 무함마드 태어남
	·622년	무함마드와 무슬림이 메디나로 이주(히즈라), 이슬람력의 기원임
	·632년	무함마드 죽음, 아부 바르크가 제1대 칼리프 자리에 오름
	·750년	아불 아바스가 아바스 왕조를 세움
	·756년	이베리아반도에 후 우마이야 왕조가 성립함
	·1055년	셀주크 튀르크가 바그다드를 장악함
	·1171년	살라딘이 파티마 왕조를 쫓아내고 아이유브 왕조를 세움
	·14세기 후반	오스만 제국의 발칸 점령
	·1453년	오스만 제국이 콘스탄티노플을 점령하고 이스탄불로 개명함
	·1492년	크리스트교 세력이 그라나다 왕국을 점령하여 이베리아반도에서 이슬람 세력이 물러나게 됨
	·1699년	오스만 제국과 유럽 국가들이 카를로비츠 조약을 체결하여 헝가리와 우크라이나, 그리스 남부를 유럽 국가들에게 내어줌. 이후 오스만 제국은 쇠퇴
	·1924년	오스만 제국이 문을 닫고 세속주의적인 터키 공화국이 세워짐

알라의 나라 이슬람

Thinking Power Series - World History Collection 13
Islam: History and Culture

Written by Moon Ji-eun.
Published by Sallim Publishing, 2018.

제4차 산업혁명 세대를 위한
생각하는 힘 세계사컬렉션 **13**

중세 유럽 세계를 압도하다

알라의 나라
이슬람

문지은 지음

살림

| 일러두기 |

1. 본문에서 '이슬람'은 맥락에 따라 이슬람교를 가리키기도 하고 이슬람 사회나 이슬람 세
   계를 가리키기도 한다.
2. 이슬람교에서는 일반적으로 유일신을 '알라'라고 부르지만, 본문에서는 때에 따라 '신'으
   로 표현하기도 했다.

머리말

이슬람 문화로 떠나는 배낭을 꾸려보자

교사가 된 후 배낭여행의 재미를 알게 되어 한동안 학교 방학이
되면 늘 짐을 꾸려 마음 맞는 이들과 여기저기 쏘다니고는 했다.
어디를 갈까 고민하면서 낯선 나라로 훌쩍 떠나는 일이 참 즐거
웠다. 때로는 혼자서 안내 책 한 권만 달랑 들고 어수룩한 영어
실력으로 말도 통하지 않는 나라에 다녀오기도 했다.

직접 사진을 찍고 자료를 모아 생생한 역사 수업 자료로 써야
겠다는 거창한 목표를 내세웠으나, 그보다는 이리저리 낯선 곳
을 다니며 넓은 세상을 구경하는 재미가 컸다. 낯선 땅의 이방인
이 살아가는 삶의 현장은 모두 달랐지만, 같기도 했다. 파는 물건

과 흥정하는 말, 눈에 보이는 경치도, 각각이 갖는 냄새도 달랐다. 어딘가는 늘 비릿한 물 냄새가 났고, 다른 어딘가의 거리에는 빵 냄새가 가득했다. 하지만 모두 언제나 열심히 살아가고 있다는 점만은 같았다.

마지막 배낭여행의 짐을 꾸렸던 곳은 이슬람 국가 터키였다. 장거리를 떠날 기회가 되어 유럽을 갈까, 인도를 갈까 고민하던 참이었는데, 갑자기 터키를 가보기로 마음을 바꾸었다. 소피아 대성당을 직접 보고 싶다는 마음 하나로 결정한 일이었다. 터키는 이미 유명한 여행지였지만 이슬람 국가라는 점 때문에 여행 준비 내내 걱정되는 일이 많기도 했다.

하지만 그런 걱정이 무색하게 터키는 안전하고도 특별한 여행지였다. 이슬람 유적으로 가득 찬 이스탄불에서는 중세의 시간 여행자가 된 것 같았고, 터키의 수도 앙카라에서는 이슬람 국가 건설의 자긍심을 느낄 수 있었다. 메블레비 교단의 중심지 곤야에서는 종교와 삶이 어떻게 일치될 수 있는지 엿보았다. 기암괴석의 도시 카파도키아에서는 동굴 도시의 탐험가가 되어보았다.

한국 사람들이 이슬람에 대해 갖고 있던 편견이 나라고 왜 없었을까. 히잡과 차도르, 부르카를 씌우고 여성의 자유와 인권을 억압하는 종교로만 생각했었다. 서방 세계와 사사건건 대립하는,

어딘가 현대화되지 못한 세계사의 트러블 메이커로만 기억하던 이슬람이었다.

그렇지만 21일간의 터키 여행은 이런 내 생각이 지극히 '편견'에 불과했다는 사실을 일깨워주었다. 곤야의 모스크에서 이슬람 신학을 공부한나는 한 터키인과 우연히 이야기를 나눌 기회가 있었다. 그는 이슬람에 관한 자료를 이메일로 보내주겠다면서 나의 편견을 알고 있는 듯 다음과 같이 말해주었다.

"이슬람은 무섭지 않아. 여기도 사람이 사는 곳이고, 사람 사는 곳은 어디나 같아."

이슬람 문화의 매력을 잠깐 엿보았던 인연으로 이슬람 문명을 소개하는 글을 쓰게 되었다. 세상 여러 즐거움 가운데 '아는 기쁨'이 있다. 누구의 간섭도 없이 가방을 꾸려 발길이 닿는 곳을 다니며 넓은 세상을 아는 즐거움은 무엇과도 비교할 수 없다. 하지만 여러 사정으로 그러한 즐거움을 나중으로 미루고, 이루고 싶은 소망으로 접어둬야 한다면? 그럴 때 세계사와 세계 문화를 다룬 책을 권하고 싶다. 이슬람을 아는 것은 세계의 4분의 1을 아는 것과 같다. 전 세계 4분의 1이 믿는 종교이기 때문이다.

터키 여행에 돌아와서는 어린 자녀들을 돌봐야 해서 더 이상 여행 배낭을 꾸리지 못했다. 10여 년 가까이 지난 오래전의 여행이지만, 눈을 감고 터키와 이슬람을 생각하면 저녁 무렵 거리에 가득했던 매캐한 숯 향기와 이슬람 사원의 냄새가 나는 듯하다. 안전하고 여유로운 여행지였던 그곳이 지금은 테러와 쿠데타 등으로 오가기가 불편한 곳이 되었다는 소식은 마음 한편을 아프게 만든다.

배낭여행의 짐을 꾸리듯, 세상을 알고 싶은 호기심을 갖고 이 책을 읽어주었으면 좋겠다.

2018년 10월
문지은

• 차례 •

제1장   이슬람교의 형성

제2장   이슬람 세계의 발전

제5장　한국과 이슬람의 교류사

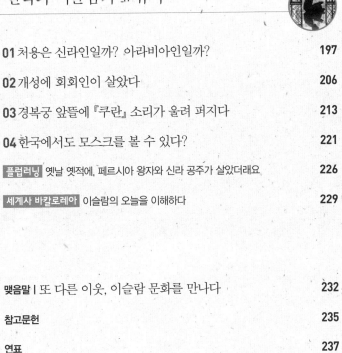

이슬람 1,400년의 역사는 건조한 모래 바람이 부는 아라비아반도의 척박한 땅에서 시작되었다. 평범한 아라비아인으로 태어나고 자랐던 무함마드는 어느 날 천사의 음성을 듣고 신의 계시를 사람들에게 전하는 예언자가 되었다. 그런데 무함마드가 전하는 신은 아라비아인만의 신이 아니었다. 그 신은 아브라함의 신이었고, 모세의 신이었고, 심지어 예수의 신이기도 했다. 무함마드는 그들 모두의 신은 서로 다르지 않으며 그 밖에 다른 신은 없다고 전했다. 무함마드가 전달한 신의 계시는 『쿠란』으로 기록되어 무슬림의 성스러운 경전으로 자리하고 있다. 아라비아반도와 팔레스타인은 붙어 있는 이웃한 땅이며 메소포타미아 문명을 둘러싸고 오래전부터 문명이 발전한 곳이다. 오늘날 종교와 민족을 둘러싸고 가장 첨예한 갈등이 일어나는 그곳은 원래부터 그랬던 것은 아니다.

제1장

이슬람교의 형성

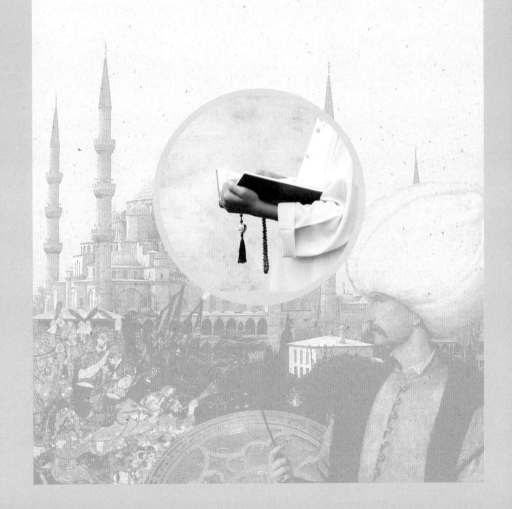

01

이슬람, 왜 알아야 할까?

2017년 미국 대통령에 취임한 트럼프는 '반(反)이민행정명령'을 발표하면서 이슬람 7개국 국민들의 미국 비자 발급과 입국을 금지하였다. ……도널드 트럼프 미국 대통령의 '반(反)이민행정명령' 서명에 전 세계가 충격에 빠졌다. 트럼프는 이번 정책에 대해 "이슬람 테러리스트의 미국 잠입을 차단하겠다"고 밝혔지만 트럼프의 반난민·반무슬림 정책에 전 세계는 혼란과 분노로 들끓고 있다.

한동안 언론의 국제면을 차지했던 뉴스의 한 꼭지이다. 민주주의와 세계 평화의 수호자임을 자처하는 강대국의 대통령이 이슬람이라는 종교를 콕 집어서 배척하는 정책을 펼치고 있는 것이다. 이 뉴스가 아니어도 이슬람과 연관된 테러, 전쟁 소식은 우리에게 낯설지 않다. 이슬람 근본주의를 내세운 IS라는 테러 단체가 등장해 반인간적인 범죄와 테러를 일삼아 전 세계인의 분노를 자아내기도 했고, 그동안 테러와는 무관하다고 믿고 있던 우리나라 사람들이 이들의 테러 위협을 걱정하게 되었다.

이런 뉴스를 접하면 이슬람은 폭력의 종교라는 생각이 마음속에 자리 잡게 된다. 거슬러 올라가면 2001년에 일어난 9·11 테러 사건이나 미국의 아프가니스탄 침공, 이라크 전쟁 역시 마찬가지다. 이슬람이 '한 손에 칼, 한 손에 『쿠란』'을 들고 전도를 했다는 말도 사실처럼 전해지고 있다. 이슬람은 정말 폭력의 종교인 걸까?

우리가 이슬람과 연관하여 떠올리는 이미지도 부정적인 것이 많다. 아라비아 사막을 떠도는 유목민과 석유 자원을 무기로 삼는 중동의 나라들이 생각난다. 문명화되고 세련된 것의 반대편이 자리하고 있는 것만 같다. 문화의 다양성을 강조하는 요즘에도 이슬람 문화와 관련된 많은 이슈는 논쟁거리가 되곤 한다.

프랑스에서는 이슬람계 여학생들이 히잡을 쓰고 등교하는 것

- **9·11 테러 사건**
  2001년 9월 11일 무장 단체 알 카에다가 일으킨 사건으로, 미국이 아프가니스탄과 이라크를 침공하는
  계기가 되었다.

을 금지하여 논란이 되기도 했다. 몇몇 이슬람 국가의 일부다처
제, 검은색 부르카를 뒤집어쓴 여성의 모습은 이슬람의 여성 억
압을 상징한다. 힌두교도가 소고기를 먹지 않듯이 무슬림은 돼
지고기를 먹지 않는다. 돼지고기를 즐겨 먹는 한국 사람들은 이
를 참 이해하기 어렵다.

정말 이슬람은 폭력적이고 미개하며 이해하기 어려운, 멀고
먼 이방인의 종교일까? 우리는 이슬람에 관해 얼마나 정확하게
알고 있을까? 지금의 아래 질문에 답해보자.

- 이슬람은 어떤 교리를 가르치고, 그것은 크리스트교의 교리와 얼마나 다른가?
- 이슬람 국가는 어떤 역사를 갖고 있나? 이슬람이 널리 퍼진 이유는 무엇일까?
- 이슬람 문화가 서구에 미친 영향을 무엇일까? 이슬람 문화의 특징은 무엇일까?
- 역사적으로 우리와 이슬람은 어떤 관련을 맺고 있을까?
- 이슬람 세계와 서구 세계는 왜 사이가 나빠졌을까?

다섯 가지 질문 가운데 몇 가지에 답을 할 수 있는가? 아마 『세계사 교과서』와 언론 기사만으로 이슬람을 접했던 사람이라면 거의 답하기 어려웠을 것이다. 이 책에서는 이슬람이 생겨나고 이슬람 제국이 형성되는 과정을 살펴보면서 이 질문들에 답을 찾아가보려고 한다.

이슬람 바로 알기

7세기 아라비아반도에서 시작된 이슬람은 이후 북아프리카, 이베리아반도에 전파되었고 동서 세계가 융합된 다채로운 이슬람 문화를 발전시켰다. 지식의 추구를 강조하는 전통 아래에서 그리스의 철학을 체계적으로 정리해 유럽에 전했으며 과학, 지리학에서 많은 성과를 낳았다. 중세 유럽이 학문의 암흑기를 보낼 때, 고대 철학의 유산과 과학 발전의 아이디어를 제공한 것도 바로 이슬람이었다.

그런데 유럽의 이베리아반도가 700여 년 동안 이슬람의 지배를 받고, 비잔티움 제국도 오스만 제국에 멸망하면서 중세 유럽 사람들에게 이슬람은 공포의 대상이 되었다. 18세기까지 유럽 사람들은 이슬람에 정복되지 않을까 하는 두려움을 안고 살았던 것이다. 이후 유럽의 제국주의 역사와 서구 중심주의 세계관이 널리 퍼지면서 유럽인이 본래 갖고 있던 이슬람에 대한 공포와 혐오감이 우리에게까지 영향을 미쳤다.

이슬람에 관한 정확한 지식이나 이해 없이 서구인의 시각으로 이슬람을 살펴보게 되면서 부정적인 이미지나 오해가 생긴 것이다. 하지만 우리 역사 속에는 이미 오래전부터 이슬람과의 교류가 있었다. 주체적으로 살아가는 세계 시민이라면 타인의 눈이 아니라 자신의 눈으로 세상을 바라보아야 하지 않을까.

현재 이슬람교는 13억에 달하는 신도를 가지고 있으며 그 수는 빠르게 증가하고 있다. 이슬람을 중동의 아라비아인이 믿는 종교로만 알고 있지만, 실은 모로코·이집트·인도·방글라데시·

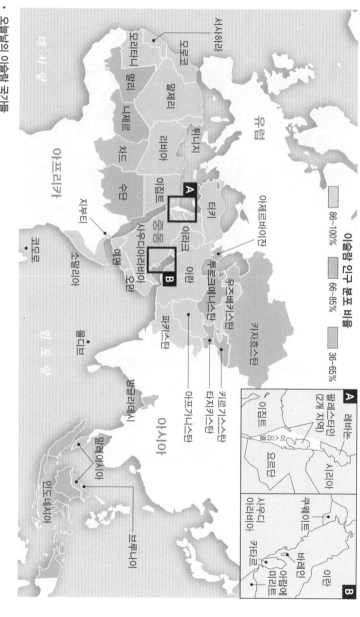

• 오늘날의 이슬람 국가들

이슬람은 전 세계 인구의 4분의 1인 약 13억명이 믿는 세계적 종교로, 신도의 수가 빠르게 증가하고 있다.

이슬람 인구 분포 비율

86~100%
66~85%
36~65%

A
레바논
팔레스타인
(2개 지역)
시리아
요르단
사우디아라비아
이집트

B
이란
쿠웨이트
바레인
카타르
사우디아라비아
아랍에
미리트

제1장 이슬람교의 형성

파키스탄·인도네시아·필리핀 등에도 많은 신자가 있다. 심지어 미국에서도 이슬람 신자 수가 빠르게 증가하고 있어 미국에서 곧 두 번째로 큰 종교가 되려 한다.

이슬람은 세계인의 4분의 1이 믿는 종교일 뿐 아니라, 이슬람 세계는 이미 우리와 경제적으로도 꽤 밀접한 관련을 맺고 있다. 우리는 에너지 자원의 80퍼센트 이상을 이슬람 세계에서 수입하고 있으며, 중동 지역의 건설 사업 참여가 1970년대 이후의 경제 발전에 큰 원동력이 된 것도 사실이다.

이제 우리는 이슬람 세계가 형성되는 과정을 살펴봄으로써 서구인의 시각에서 삐뚤게 바라보았던 이슬람의 또 다른 모습을 알게 될 것이다.

02

이슬람교가 생겨난 곳은 어디일까?

이슬람 사람들은 이슬람이 발생하기 이전을 자힐리야 시대라고 부르는데, 이는 아라비아어로 '무지함'이나 '야만'을 뜻한다. 아마 이슬람 사람들에게 이슬람이라는 종교는 어둠을 밝히는 빛으로 다가왔던 모양이다. 광명으로 다가온 이슬람이 태어난 곳, 이슬람의 고향으로 여행을 떠나보자.

이슬람교는 오늘날 사우디아라비아, 예멘 등이 자리하고 있는 아라비아반도에서 시작되었다. 홍해와 인도양, 페르시아만에 둘러싸인 아라비아는 세계에서 가장 큰 반도로 꼽히며, 인도 대륙보다도 더 넓은 크기를 갖고 있지만 사람이 살기에 그리 넉넉한 곳은 아니었다. 지독한 건조 기후 지역이기 때문이다. 서남쪽 산간 지방과 동남쪽의 알 아흐다르산맥을 빼고는 1년 동안 강수량이 100밀리미터 정도에 불과해 땅의 대부분이 건조한 사막과 초원으로 이루어져 있다.

내가 아라비아사막의 여행자라고 한번 상상해보자. 모래 바람이 흩날리는 사막을 벗어나려고 걷고 또 걷지만, 이내 거친 암석 덩어리들이 앞을 가로막고, 결국 나무 한 그루 보기 힘든 돌산을 만나게 될 뿐이다. 뜨거운 햇살이 내리쬐는 오후가 되면 땅도 공기도 열기로 가득 차 숨을 쉬기도 힘들어진다. 메마른 땅을 지나다 간혹 운이 좋은 이들은 오아시스를 만나 나무 그늘 아래 목을 축이고 시장에서 필요한 물건을 살 수도 있다. 하지만 이런 곳은 드문드문 있어 만나기 힘들다.

아라비아의 척박한 땅에는 아라비아인이 살고 있었는데, 때로는 유목민으로 양, 염소, 낙타를 기르기도 했고, 때로는 오아시스 근처에서 농사를 지어 생활하기도 했다. 사막의 민족으로 널리 알려진 베두인은 아라비아에 살던 아라비아계 유목민을 가리키는 말이다. 그런데 사막이라는 환경 속에서 아라비아인은 유목이나 농사만으로는 충분한 식량을 얻을 수 없어 상황에 따라 유목과 농사를 같이 하기도 했으며, 때로는 상업 활동이나 약탈 활

· 아라비아반도의 자연환경
아라비아는 척박한 사막의 자연환경을 가지고 있어, 아라비아인들은 유목이나 농사로 충분한 식량을 얻
을 수 없었다.

동을 하기도 했다.

　넉넉할 수 없는 자연환경 아래에서 살아남기 위해 이들은 가
문과 부족끼리 모여서 생활해야만 했다. 가까운 친척으로 뭉친
가문들은 서로 간의 혼인 등으로 결합하고 부족을 이뤘다. 가문
을 대표하는 장로들은 모임을 만들어 부족의 중요한 일들을 결
정했고 부족의 대표를 뽑았다. 부족의 대표는 세력이 크지 않았
고 왕처럼 아들에게 자리를 세습할 수 있는 것도 아니었다. 부족
의 대표자로서 한정된 권위만 행사할 수 있었다.

아라비아인, 부족에 살고 부족에 죽다

이슬람은 아라비아의 아라비아인에 의해 시작되었다. 이슬람 이전 아라비아인은 어떻게 살았을까? 한마디로 말하면 그들은 부족에 살고 부족에 죽는 사람들이었다.

현재를 사는 우리는 민족의 구분을 낭연시하고 민족의 소속감과 연대 의식이 뚜렷하지만, 6세기 무렵의 아라비아인은 스스로를 같은 '아라비아 민족'이라고 여기지 않았다. 아라비아어라는 같은 언어를 사용하고 비슷한 사막 문화를 공유했지만, 그보다는 부족에 대한 소속감이 먼저였다. 부족원은 부족의 보호 아래 집단의 규율을 지키며 생활했다. 이들은 자신이 속한 부족의 전통을 소중히 생각했고, '우리 부족은 같은 운명 공동체'라는 연대 의식으로 뭉쳐 살았다. 낯선 곳에서 만난 이들은 어느 가문에 속하는가를 확인하며 서로 믿을 수 있는 사람인지 가늠하였다.

당시에 서쪽으로는 비잔티움 제국이 동쪽으로는 사산조 페르시아가 자리잡고 있었는데, 아라비아인은 강대한 제국들 사이에서 어디에도 속하지 않은 채 무리지어 살았다. 비잔티움 제국이나 페르시아 제국의 눈으로 보면 이들은 문명의 변두리에 속해 있었던 셈이다. 정치적으로 통일된 국가를 이루지 않고 부족들이 거주지를 중심으로 각자 세력을 이루다가 간혹 부족한 식량을 얻거나 명예를 지키고자 서로 전투를 벌이기도 했다.

사막으로 덮여 있는 아라비아에서 유목과 농사를 지으며 살았던 아라비아인은 어떤 종교를 갖고 있었을까? 아라비아인은 부족 단위로 생활했기 때문에 각자 부족신을 섬기고 있었다. '알라'라는 최고신이 있었지만 이슬람교에서 말하는 유일신 알라와는 조금 다른 존재이다. 이 시기 아라비아인의 종교는 알라 아래에 수많은 부족신이 있는 다신교였다. 심지어 각 집안마다 따로 신을 섬기기도 했으며, 우상숭배를 하는 경우도 많았다. 이슬람교 성지인 메카의 카바 신전은 자힐리야 시대에도 흑석을 모셔놓고 신과 우상들을 숭배하던 곳이었다.

이러한 아라비아 전통 신앙은 혼란한 사회 현실에서 사람들의 마음을 다잡기에는 부족했다. 당시 아라비아에는 이웃한 팔레스타인 지역에서 생겨난 유대교와 크리스트교가 교역로를 중심으로 전파되었는데, 아라비아 전통 신앙에 마음을 주지 못한 일부 아라비아인이 이들 종교로 개종하기도 했다. 그 과정에서 유대교와 크리스트교의 유일신 사상이 아라비아인에게 영향을 미쳤던 것으로 여겨진다.

실제 이슬람교는 아담·노아·아브라함·모세·예수를 모두 신의 계시를 받은 예언자로 인정하고 있는데, 『쿠란』은 모세와 예

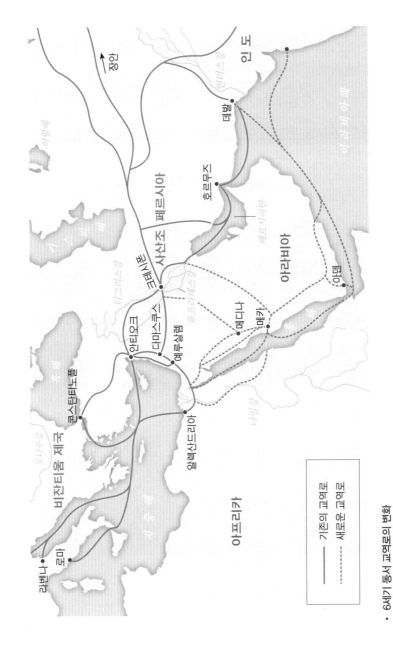

• 6세기 동서 교역로의 변화

동서 교역로가 변화되면서 메카와 메디나가 큰 도시로 성장하였다.

가존의 교역로
새로운 교역로

수, 무함마드의 신은 하나이며 그 밖에 다른 신은 없다고 하였다. 오늘날 대체로 서구와 중동 국가들의 사이가 좋지 않지만 이슬람이 시작되는 단계에서 이슬람과 유대교, 크리스트교는 예상외로 가까운 종교였던 것이다.

그러다가 6세기 후반 아라비아 주변 두 강대국인 비잔티움 제국과 사산조 페르시아의 사이가 나빠지면서 아라비아인의 처지가 변하기 시작하였다. 두 제국의 대립이 심각해지면서 페르시아만과 시리아를 잇는 동서 교역로의 이용이 어려워지자, 상인들은 예멘과 아라비아 서쪽 시리아를 잇는 새로운 교역로를 열게 되었다. 그 교역로에 위치한 메카와 메디나는 동서 교역을 중개하면서 큰 도시로 성장해갔고, 교역에 종사하는 상인 계층이 등장하게 되었다.

교역을 통해 얻는 부는 늘어갔지만, 모든 계층에게 그 혜택이 골고루 돌아가지는 못했다. 몇몇 귀족과 상인은 무역의 이익을 차지하여 부유해졌지만, 대다수의 민중은 여전히 빈곤에 시달리고 있었다. 게다가 서로 다른 신을 섬기는 부족들은 연대 의식을 형성하지 못했고 툭하면 다툼을 벌이기 일쑤였다.

03

무함마드, 신의 부름을 받다

이슬람 1,400년의 역사는 570년 쿠라이쉬 부족의 하쉼 가문에 한 사내아이가 태어나면서부터 시작되었다. 아이는 '높이 찬양받는 이'라는 뜻으로 무함마드라는 이름을 갖게 됐지만, 고귀한 이름과 달리 어린 시절은 행복하지 못했다. 태어나기 직전에 아버지가 죽었고 어머니 역시 무함마드가 어릴 때 죽어 고아가 되었다. 그런 무함마드를 할아버지가 데려다 키웠다. 하지만 3년 후에 할아버지마저 죽어 결국 숙부인 아부 탈립의 집에서 자랐다.

무함마드가 속한 쿠라이쉬 부족은 메카의 상권을 장악하고 있었고, 아라비아의 전통을 존중하며 성스러운 카바 신전을 관리하고 있어 주변의 신망이 높았다. 전해지는 이야기에 따르면, 유대교의 『구약성경』에 나오는 아브라함의 아들 이스마엘이 메카에 와서 살게 되었는데, 그 이스마엘이 비로 쿠라이쉬 부족의 선조였다고 한다.

어린 시절 무함마드는 상인의 낙타를 몰거나 양치기를 하는 평범한 소년으로 자랐다. 좀 커서는 쿠라이쉬 부족의 다른 남자들처럼 예멘, 시리아, 팔레스타인 같은 지역을 왕래하며 무역에 종사하는 상인이 되었다. 무함마드는 조용하고 진지한 성품의 청년으로 자랐고 근면하고 정직해서 메카 사람들 사이에서 성실한 사람으로 널리 알려졌다고 한다.

평범한 상인으로 살았던 무함마드의 인생이 변한 것은 카디자에게 고용되어 일하면서부터였다. 카디자는 돈 많은 과부였는데 성실히 일하던 무함마드와 인연을 맺어 결혼을 하게 되었다. 뒤에 카디자는 무함마드와 딸 네 명, 아들 두 명을 낳았는데 파티마라는 딸 하나만 남고 모두 어릴 때 죽었다.

권능의 밤, 신의 천사가 찾아오다

평범한 아라비아인으로 살았던 무함마드는 어떻게 예언자의 길을 걷게 되었을까?

부유한 카디자와 결혼한 무함마드는 경제적으로 여유를 갖게 되면서 먹고살기 위한 바쁜 일상에서 벗어날 수 있었다. 그러자 그는 명상과 사색으로 시간을 보냈다. 무함마드가 마흔 살이 된 어느 날 메카에 있는 히라산의 동굴을 찾아가 명상을 하다가 갑자기 어떤 목소리를 듣게 되었다.

"읽으라, 알라께서 사람들에게 계시한 것을!"

두려워하는 무함마드에게 천사의 목소리가 다시 전해졌다.

"그대는 신의 사자이니라."

이슬람에서는 무함마드가 겪은 이날의 기적을 '권능의 밤'이라 부른다. 이후 일생 동안 무함마드는 신의 말을 전달받고 이를 암송하였다. 무함마드가 전한 신의 계시를 기록하고 정리한 것이 이슬람의 경전인 『쿠란』이며, 『쿠란』은 아라비아어로 '읽기' '암송'을 뜻한다. 무함마드는 신의 계시를 사람들에게 전했고, 그는 사람들에게 신의 예언자로 불렸다.

무함마드는 신의 계시에 따라서 우상숭배를 즉시 멈추고 절대자인 알라에게 복종하라는 것과 세상의 종말이 다가오고 있으며 최후 심판을 위해 윤리적인 삶을 살 것을 가르쳤다. 먼저 아내 카디자와 사촌동생 알리, 그리고 가까운 친구들이 무함마드를 따르기 시작했다. 이어서 무함마드는 대중에게 신의 가르침을 전하기 시작했다. 하지만 메카 사람은 무함마드의 가르침을 쉽게 받아들이지 못했다. 무함마드가 외치는 알라는 아라비아인이 잘 아는 최고신의 이름이었지만, 결코 그들이 알던 신이 아니었다. 무함마드는 알라만을 숭배해야 하며 다른 모든 신을 버리라고 설교하였다. 조상 대대로 이어져 내려오는 전통 종교를 갑자기 바꾸는 게 쉬울 리가 없었다. 게다가 관습적으로 인정되던 도박, 음주 등을 금하였으며 최후의 심판을 경고하면서 도덕과 윤리를 강조하였다.

아라비아인의 종교와 관습을 바닥부터 뒤집는 개혁을 요구하는 무함마드에게 메카의 지배층은 강하게 반발했다. 무함마드는 지배층의 재물이 신의 것이라고 주장하면서 정당하지 않은 방법으로 부자가 되는 것을 비판했다. 또 고아와 가난한 자에 대한 자선을 강조했는데, 이는 부자들의 권리를 위협하는 것으로 여겨졌다.

무함마드를 따르는 사람이 점차 늘어나자 메카의 지배층은 무함마드와 그의 추종자들에게 적개심을 드러내고 박해를 하기 시작했다. 무함마드를 따르던 하층민은 매질을 당하거나 고문을 받기도 했고, 무함마드의 가문은 경제적 보복과 사회적 따돌림을 받기도 했다.

619년 무함마드의 부인인 카디자가 죽고 그의 삼촌 아부 탈립마저 세상을 떠났다. 아부 탈립은 이슬람을 받아들이지는 않았지만, 끝까지 무함마드를 지켜주었던 인물이다. 아부 탈립 이후에는 하쉼 가문에서 무함마드를 적극적으로 지켜줄 사람도 찾기 어려웠다. 무함마드는 자신에게 다가오는 신변의 위협과 신도들에 대한 박해를 바라보며 변화가 필요하다는 것을 느꼈다.

이슬람 국가를 세운 무함마드

절망과 시련을 겪던 무함마드에게 메카로부터 멀리 떨어진 '야스리브'라는 도시의 순례자들이 찾아왔다. 무함마드에게서 깊은 감화를 받은 이들은 이듬해 도시의 대표자들과 다시 돌아와 그에게 자기들의 도시에 와서 분쟁을 조정해달라고 요청했다. 야스리브의 여러 가문은 토지와 식량을 둘러싸고 다툼과 복수가 이어져 이를 조정해줄 사람을 찾고 있었다. 무함마드는 신의 계시 속에서 이주를 결정하고 무슬림 모두가 야스리브로 옮겨 갈 것을 결정한다.

가문과 부족을 중시하는 아라비아 사회에서 고향과 친척을 떠나는 것은 큰 반발을 부르는 일이었다. 이에 무함마드 가문이 속한 쿠라이쉬 부족은 무함마드에 크게 분노하였다.

무함마드와 200여 명의 무슬림은 622년 메카를 떠나 야스리브에 도착하는데, 이슬람에서는 이를 '헤지라'라고 부르며 이슬람력의 원년으로 삼고 있다. 우리가 쓰는 서력기원이 예수의 탄생에서 시작하듯이 무슬림들은 헤지라를 이슬람 세계의 기원으로 보기 때문이다.

한편 야스리브는 이때부터 '예언자의 도시'로 불리게 되었는데, 이를 줄여 '도시'라는 의미를 지닌 '메디나'로 부르게 되었다.

메디나로 옮겨온 무함마드는 신앙을 기반으로 하는 '움마'라는 공동체를 건설하고, 가문으로 나뉘어 서로 다투던 메디나 사람들의 갈등을 해결하기 시작했다. 메카에서 무함마드는 박해받는 종교인이었지만, 메디나에서 무함마드는 종교 지도자인 동시에 정치·군사적인 권위를 지닌 군주의 지위로 올라섰다. 무함마드는 이슬람을 전도하기 위해서는 정치·경제적 힘이 필요하다고 생각했고, 이슬람을 인정하지 않는 무리를 공격하여 재산을 몰수하며 점차 군사적인 힘을 키워갔다. 신과 함께한다는 믿음으로 똘똘 뭉친 무슬림 군대는 무함마드의 지도 아래 연이은 전투에서 잇따라 승리하였다. 이 승리가 신의 권능 때문이라는 생각이 퍼져 나갔고 주변의 귀족들이 무함마드를 따르기 시작했다.

이슬람 국가 건설을 위해 남은 곳은 오직 메카뿐! 무함마드는 수차례의 공방 끝에 630년 메카를 점령했다. 그리고 가장 먼저 아라비아인의 성전인 카바를 찾아 카바 신전의 신성한 '검은 돌'에 입을 맞추었다. 이어서 성전에 모셔져 있던 모든 우상과 그림을 치우도록 명령했고, 메카를 이슬람의 성지로 선언했다.

아라비아의 여러 부족 중 가장 세력이 강한 메카의 쿠라이쉬족이 무슬림화되자 아라비아의 모든 아라비아 부족이 차례로 이슬람을 받아들이기 시작했다. 이전까지 아라비아인은 혈연 공동체인 부족에 충성했지만, 이제는 이슬람 신앙 공동체인 움마에 충성했다. 이슬람군은 신을 받아들이고 움마에 충성하겠다고 약속하는 모든 아라비아 세력을 받아들였다. 유대교도와 크리스트교도는 세금을 내면 그들의 신앙을 그대로 유지할 수도 있었다. 아라비아는 이제 이슬람 공동체 움마의 지배를 받는 이슬람 국가가 되었다.

예언자의 마지막 순례

헤지라 10년째 되던 해 무함마드는 메디나에서 메카로 마지막 순례 여행을 떠났다. 메카 성지 순례를 떠나는 무슬림은 무함마드의 마지막 순례 의식을 그대로 따르고 있다. 기록에 따르면

10만 명에 가까운 이들이 무함마드의 순례길에 함께했다고 한다. 카바 성전을 일곱 번 돌고 신성한 '검은 돌'에 입을 맞춘 후, 무함미드와 순례단은 메카의 아리파트 계곡으로 향하였다. 여기서 무함마드는 가난한 이들에게 자선을 베풀고 『쿠란』의 가르침을 따르며 메카 순례를 실천하도록 당부한 후, 무슬림 간의 결속을 강조하고자 다음 말을 남겼다.

그대들은 내가 하는 말을 잘 듣고 명심하시오. 그대들은 알지니, 무슬림 한 명 한 명은 다른 무슬림의 형제이며, 따라서 모든 무슬림은 형제지간이오!

다시 메디나로 돌아온 무함마드는 곧 병으로 몸져누웠다가 632년 62세의 나이로 죽음을 맞았다. 쿠라이쉬 부족의 소년으로 자라서 신의 예언자로 살다가 평범한 인간의 모습으로 죽은 무함마드. 이슬람 세계에서 무함마드의 위치와 업적은 무엇일까?

첫째, 무함마드는 이슬람 종교의 창시자일 뿐만 아니라 이슬람 국가의 설립자이다. 대체로 역사적으로 위대한 예언가들은 지배층과 생긴 갈등으로 박해를 받아 살아생전에는 뜻을 펼치기 어려운 경우가 많다. 그런데 무함마드는 정치·군사적인 면으로도 성공했으며, 훌륭한 조정자로서 이슬람 국가를 세우는 데까지 이르렀다. 무슬림들은 평범한 상인으로 고등교육을 받지 않은 무함마드가 성공한 것이 바로 알라의 위대함 때문이라 생각한다.

둘째, 무함마드는 신의 예언자로서 권위를 갖는다. 『구란』에 따르면 신은 사람들 사이의 다툼을 해결하기 위해 여러 곳에 예

- **승천하는 무함마드**
  무함마드가 천국으로 가서 신을 만나고 온 '기적의 밤'을 그린 그림이다. 무함마드의 얼굴이 하얗게 비어 있다.

언자를 보냈는데, 어느 곳은 예언자를 거부하였고 또 어느 곳은 예언자를 신으로 여기는 잘못을 저질렀다. 그래서 잘못을 바로 잡고 신의 말을 전하기 위한 마지막 예언자를 보냈는데, 그가 바로 무함마드이다. 마지막 예언자 무함마드는 앞의 예언자들이 남긴 경전을 종합하여 종교를 완전하게 했다. 그래서 신의 계시는 이슬람으로 완성되는 것이며, 새로운 예언자는 더 이상 필요 없다고 여긴다.

셋째, 무함마드는 스스로를 신격화하지 않았다. 무함마드는 자신은 신의 계시를 전하는 예언자 이상의 존재가 아니라며, 자신을 신격화하지 않도록 강조했다. 이슬람 미술에서 무함마드의 얼굴을 묘사하는 것을 금지하는 것도 그런 이유에서이다. 무슬림은 '신에게 복종하는 사람'을 뜻하고, 이슬람은 '신의 뜻에 복종하는 종교'이지 무함마드를 숭배하는 종교가 아니다. 즉 이슬람교를 무함마드교라고 부르는 것은 이슬람을 잘 모르고 하는 행동이다.

04

이슬람 세계를 건설한 칼리프

무함마드가 죽자 이슬람 공동체는 큰 충격과 혼란에 빠졌다. 당
시의 아라비아인은 살아있을 때 자신의 뒤를 이을 후계자를 정
하지 않았다. 무함마드도 이 전통을 따라 다음 지도자를 정하지
않았고, 이슬람 공동체의 지도자들은 회의를 통해 후계자를 결
정해야만 했다.

이슬람 공동체에는 크게 세 종류의 정치 세력이 있었는데, 첫
째는 무함마드가 메카에서 메디나로 이주했던 헤지라 당시에 그
를 따랐던 이주민 세력, 둘째는 메디나에서 무함마드를 도왔던
메디나 원주민 세력, 셋째는 이슬람 공동체가 확장되는 과정에

서 이슬람을 받아들였던 다른 지역의 귀족 세력이었다. 이들 정치 세력과 각 부족, 씨족 사이의 복잡한 이해타산 끝에 메카 이주민 세력의 지지를 받았던 아부 바르크(재위: 632~634)가 무함마드의 후계자로 선출되었다. 이슬람은 그를 예언자의 후계자라는 뜻에서 '칼리프'라고 불렀다. 무함마드가 없는 이슬람 공동체는 이제 칼리프 체제로 들어갔다.

칼리프가 되려는 경쟁에서 승리했지만 아부 바르크는 여전히 넘어야할 산이 많았다. 먼저 무함마드가 죽자 새로운 신의 대리인이라는 거짓 예언자들이 나타나 사람들을 모으기 시작했다. 이들은 이슬람과 비슷한 유일신 신앙을 만들고 무함마드처럼 종교 공동체를 만들기도 하였다. 게다가 무함마드와 조약을 맺고 이슬람을 받아들이기로 했던 다른 아라비아 부족들이 반란을 일으켰다. 이들은 이슬람의 군사력에 압도되어 이슬람 공동체에 들어가기로 했지만, 이슬람이라는 종교를 진심으로 받아들였던 것은 아니다.

아부 바르크는 흔들리는 이슬람 공동체를 안정시키고 반란을 진압하기 위해 무력으로 이들을 다스리기로 했다. 633년 아부 바르크는 칼리드 빈 알 왈리드를 사령관으로 군대를 조직했다. 뛰어난 군인으로 '알라의 검'이라 불리기도 했던 칼리드 빈 알 왈

- **칼리드 빈 알 왈리드**

  예언자 무함마드의 군사 조력가로 초기 이슬람 세계 확장에 기여하였다. 신실한 무슬림이었다고 전해지
  며, 이슬람 세계에서 가장 존경받는 장수로 추대받는다.

리드는 반란 세력과 사이비 종교 세력을 무찌르고 이슬람의 깃
발 아래 무릎 꿇게 했다. 이렇게 해서 아부 바르크는 흔들리던 이
슬람 공동체를 굳건하게 만들고, 이슬람 공동체가 제국으로 확
장해나가는 기틀을 마련했다.

살해당한 칼리프들 – 우마르와 우스만

아부 바르크가 칼리프가 된 지 2년여 만에 병으로 죽자 무함
마드의 친구였던 우마르(재위: 634~644)가 제2대 칼리프로 선출되
었다. 아부 바르크가 흔들리는 이슬람 공동체를 다잡았다면, 우

마르는 이슬람 공동체를 거대한 제국으로 확장시켰다고 할 수 있다. 10여 년의 재위 기간 동안 사산조 페르시아, 팔레스타인, 시리아, 이집트 등이 이슬람의 영토가 되었다. 이슬람 군대는 자신들을 '신의 군대'라 불렀으며, 전쟁에서의 죽음을 천국으로 가는 지름길이라 여겼다. 게다가 정복 지역은 지배층과 하층민 사이에 갈등으로 분열된 경우가 많아 이슬람 군대를 당해내지 못했다.

강력한 군사력으로 영토를 확장한 뒤에는 정복지에 새로운 도시를 건설해 주변 지역을 다스리게 하고, 효율적인 재정 체계를 갖추도록 했다. 이슬람 제국 건설에 힘쓰던 우마르는 644년 페르시아 노예의 칼에 찔려 죽음을 맞이했다. 그동안 이슬람 공동체는 아라비아뿐 아니라 북아프리카와 지중해, 페르시아 전역을 장악한 거대한 제국으로 거듭났다.

우마르의 죽음 이후, 원로 회의는 우마이야 가문 출신의 우스만(재위: 644~656)을 제3대 칼리프로 선출했다. 당시 이슬람 제국은 아라비아의 아라비아인을 지배하던 초기 이슬람 공동체와는 많이 달라져 있었다. 다양한 종족과 문화를 가진 새로운 정복지의 백성을 다스려야 했으며, 정복지로부터 많은 세금이 들어오고 있었다. 칼리프와 지배층은 이제 새로운 정복지를 찾아 군대를 보내는 것보다, 이미 정복한 지역의 반란을 감시하고 국가의 재정을 장악하는 일에 관심을 기울였다.

새로 칼리프로 선출된 우스만은 지방과 중앙 정부를 장악하기 위해 우마이야 가문 출신을 중요한 자리에 임명했다. 우스만이 자신의 친척 위수로 국가를 운영해나가자 이에 불만을 가신 사람들이 늘어갔다. 결국 656년 불만 세력이 궁전에 침입해 우스만을 살해했다. 이슬람 국가를 이끄는 칼리프가 연이어 살해당하자 이대로는 안 된다는 위기의식이 높아지기 시작했다.

예언자의 사위, 칼리프가 되었지만

무함마드 이후 이슬람 제국을 이끌어간 세 명의 칼리프는 모두 무함마드의 혈통이 아니었다. 게다가 두 명의 칼리프가 암살당하는 일이 벌어지자, 예언자의 피를 이어받은 자손이 칼리프의 자리에 올라야 한다고 주장하는 사람들이 많아졌다. 제4대 칼리프를 정하는 과정에서 혈통을 우선시하는 세력과 협의를 통한 선출을 주장하는 세력이 대립했고, 처음으로 이슬람의 분파가 생겨나게 되었다. 이들은 뒤에 각각 시아파와 수니파로 불렸다.

시아파는 정치적으로는 예언자의 피를 이어받은 자가 후계자가 되어야 한다고 보았고, 종교적으로 엄격함을 유지하여 『쿠란』

을 설명하거나 보충하는 책을 인정하지 않았다. 수니파는 아라비아 전통에 따라 합의로 선출된 칼리프를 지지했고, 비교적 관대한 성향을 가져서 『쿠란』을 해설하거나 보완하는 다른 책도 인정했다. 이란과 이라크 일부를 중심으로 이어져온 '시아파'는 전 세계 무슬림의 10퍼센트 정도에 해당한다. 반면 사우디아라비아를 중심으로 이어져온 '수니파'는 전 세계의 무슬림의 90퍼센트 정도에 해당하는 다수파이다.

예언자의 혈통을 주장하는 세력에 힘입어 제4대 칼리프에 무함마드의 사촌 동생이자 사위인 알리(재위: 656~661)가 선출되었다. 하지만 알리에게 불만을 가진 세력이 곧바로 반란을 일으켜 대립이 끊이지 않았다. 무함마드의 여러 아내 가운데 한 명이었던 아이샤도 알리에 저항하는 세력에 합류하였는데, 알리는 이를 겨우 진압할 수 있었다.

• **정통 칼리프 시대**

제1대 아부 바르크	제국을 안정화시킴. 병으로 죽음.
제2대 우마르	제국 영토를 확장시킴. 암살당함.
제3대 우스만	우마이야 가문 출신. 암살당함.
제4대 알리	무함마드의 사위. 암살당함.

곧이어 제3대 칼리프 우스만의 친척인 시리아 총독 무아위야가 죽은 칼리프의 복수를 내세우면서 알리의 권위에 도전해왔다. 알리가 반란을 제대로 진압하지 못하고 무아위야와 전투를 계속하던 중에 무아위야와의 협상에 반대하던 자기편 사람들에게 암살당했다.

알리는 무함마드의 딸인 파티마와 낳은 두 아들이 있었지만 결국 무아위야가 칼리프가 되었다. 무아위야가 칼리프의 세습제를 시행하면서 이제 원로 회의에서 칼리프를 선출하던 정통 칼리프 시대는 끝나버렸다. 칼리프의 자리를 우마이야 가문의 아들에게 물려주는 우마이야 왕조가 시작된 것이다.

닮은 듯 다른 두 종교, 이슬람교와 크리스크교

이슬람교와 크리스트교는 왠지 서로 너무 다른 종교일 것만 같다. 서구 세계와 이슬람 세계 간에 사이가 좋지 않아서이다. 하지만 무슬림 중에는 '예수'라는 이름을 가진 사람도 많다. 우연히 같은 이름을 붙인 것이 아니라, 우리가 아는 그 크리스트교의 창시자인 예수를 존경해 일부러 그 이름을 사용하는 것이다. 물론 아라비아어로는 발음이 좀 달라서 '이사'라고 부른다.

다른 종교의 창시자를 존경하여 이름을 붙이기도 하다니! 이슬람교와 크리스트교는 생각만큼 서로 다른 종교는 아닌가보다. 오히려 비슷한 점도 많다. 우리가 잘 몰랐던 두 종교의 관계를 살펴보자.

첫째, 『쿠란』은 예수가 행한 기적과 복음을 자세히 적고 있으며, 그가 신이 보낸 예언자라는 점을 인정한다. 게다가 무함마드가 태어나는 과정에서는 어떤 기적이 있었다고 묘사하지 않는데, 예수는 마리아가 성령으로 잉태하여 탄생했다고 묘사한다.

하지만 예수를 신의 아들로 보거나 신 그 자체로 보지는 않는다. 무함마드가 신의 예언자이지만, 그 이상의 존재가 아닌 것과 마찬가지이다. 그래서 예수의 죽음과 부활을 이슬람에서는 인정하지 않고 있다.

둘째, 이슬람교와 크리스트교는 모두 유대교의 영향을 받았으며『구약성경』을 경전으로 삼고 있다. 이슬람교도 인간의 선조를 아담과 이브로 여기고 있다.『쿠란』에는『구약성경』에 나오는 것과 비슷한 아담과 이브의 이야기가 등장한다. 아담과 이브는 뱀의 유혹에 빠져서 신을 배반하고 에덴동산에서 쫓겨나게 되었다.

하지만 크리스트교에서는 모든 인간이 아담과 이브의 잘못으로 태생적으로 죄를 갖고 태어났다고 본다. 이슬람은 반대로 알라가 둘의 죄를 용서해 후손들은 죄를 물려받지 않았다고 여긴다.

셋째, 이슬람교와 크리스트교는 모두 아브라함의 자손들이 만든 종교이다. 모두 아브라함이 믿었던 유일신 신앙에서 뿌리가 갈라져 나왔다. 무슬림은 아브라함의 큰아들 이스마엘의 후손들이고 유대인은 아브라함의 다른 아들 이삭의 후손들인데, 예수는 유대인이었다. 같은 조상을 가진 형제들의 종교인 셈이다. 무슬림은 그들의 신이 아브라함의 신이며, 모세의 신이며, 예수의 신이며, 무함마드의 신이라고 말한다.

하지만 구원을 받는 방법은 다르다. 크리스트교는 예수를 믿음으로써 구원받을 수 있다고 보지만, 이슬람교에서는 예수와 같은 대리자가 필요 없고 스스로 종교적 의무와 의식을 잘 지키면 구원받을 수 있다고 여긴다.

이슬람교와 크리스트교는 이웃한 지역에서 600여 년의 시간 차이를 두고 유대교라는 같은 뿌리에서 갈라져 나온 종교들이다. 신을 부르는 이름이 다를 뿐이지 신은 하나라는 생각은 같다. 천국과 지옥, 천사와 악마를 믿는 세계관 역시 닮아 있다.

무슬림은 누구나
지하드를 수행할까?

지하드는 흔히 '성전(성스러운 전쟁)'이라고 번역된다. 과격한 테러 세력들이 자신의 테러 행위를 이슬람의 성전, 즉 '지하드'라고 부르면서 이 단어는 공포와 두려움을 일으키는 말이 되었다. 정말 무슬림은 폭력과 전쟁을 통해 세상을 지배하려는 것일까?

지하드의 본래 의미를 알아보자. 예언자 무함마드가 이슬람을 위한 전쟁에서 돌아와 이렇게 말했다고 한다.

"우리는 작은 지하드에서 돌아와 큰 지하드를 벌여야 합니다."
알쏭달쏭한 말을 들은 제자가 뜻을 묻자 그는 이렇게 답했다.
"큰 지하드는 바로 우리 자신과의 싸움입니다."

무함마드가 했던 말처럼 지하드는 원래 전쟁을 뜻하는 말이 아니라, 무슬림이 자신의 믿음을 위해 노력하는 행동을 말한다.

얼마 전에 이집트 정부는 더러운 도시 환경을 개선하기 위해 '청결 지하드' 운동을 벌였다. 튀니지 정부는 교육을 위해 '문맹 퇴치 지하드'를 벌이기도 했다.

이슬람은 지하드에는 마음에 의한 지하드, 펜에 의한 지하드, 지배에 의한 지하드, 검에 의한 지하드까지 총 네 가지 종류가 있다고 설명한다. 가장 처음 이슬람 국가가 자리를 잡고 세력을 넓힐 때에는 검에 의한 지하드가 강조되었지만, 오늘날 대다수의 무슬림은 검에 의한 지하드가 불가능하다고 여긴다. 펜에 의한 지하드, 곧 평화로운 방법으로 이슬람을 위해 노력하는 활동을 벌이려는 것이다.

그런데 9·11 테러 이후 지하드에 대한 잘못된 이해가 널리 퍼졌다. 오사마 빈 라덴 같은 테러범들은 "그들을 만날 때마다 칼로 쳐라"라는 『쿠란』의 구절을 들어 테러를 정당화한다. 서구인들은 그것을 보며 이슬람교에 폭력적인 성격이 있다고 여겼다. 과연 『쿠란』에는 뭐라고 나오는 걸까?

"너희에게 싸움을 거는 자가 있거든 알라의 방식으로 싸우라. 그러나 먼저 공격을 시작하지는 말라. 알라는 공격하는 자를 싫어하

시니라. 그들을 만날 때마다 칼로 쳐라. 그리고 그들이 너희를 쫓아냈다면 너희도 그들을 쫓아내라. ……하지만 그들이 공격을 멈추면, 너희를 괴롭히지 않는 자와는 싸우지 말라."

『쿠란』에는 "만날 때마다 칼로 쳐라"라고 했지만, 그 앞뒤에는 각각 "먼저 공격을 시작하지 말고" "너희를 괴롭히지 않는 자와는 싸우지 말라"고 기록되어 있다. 테러범도, 그리고 서구인도 자신들이 하고 싶은 말만『쿠란』에서 골라 쓰고, 그것의 본래 의미는 못 본 체하고 있다. 또한 오늘날 이슬람을 폭력의 종교라 여기고, 무조건 무서워만 하는 이슬람 공포증을 가진 사람들도 있다. 이런 생각들은 과연 옳은 것일까?

●

11세기 유럽인은 크리스트교의 성지인 예루살렘과 팔레스타인을 되찾기 위해 십자군 전쟁을 일으켜 이슬람을 침략하였다. 유럽인은 십자군 전쟁을 사자왕 리처드처럼 중세 유럽의 기사들이 떠난 모험 이야기로 그려낸다. 하지만 이슬람인에게 십자군 전쟁은 절대 신나는 모험 이야기가 아니었다. 그들에게 십자군 전쟁은 '미개한' 유럽인의 대량 학살, 살육, 문화유산 파괴로 기억되고 있다. 유럽인을 '미개한 야만인'으로 평가했던 이슬람은 십자군의 침략을 왜 막아내지 못했을까? 당시는 통일된 이슬람 국가가 무너지고 여러 개의 세력으로 힘이 분열되어 있던 때였다. 무함마드가 죽은 뒤 중세 이슬람 국가의 역사는 어떻게 흘러가 십자군 전쟁을 맞이하게 되었을까? 그리고 전쟁 이후 이슬람의 역사는 어떻게 흘러갔을까?

●

제2장

이슬람 세계의 발진

우마이야 왕조, 아라비아의 영광을 꿈꾸다

선출제이던 칼리프의 자리는 어떻게 우마이야 가문이 독점하게 되었을까?

메카의 귀족 우마이야 가문 출신의 무아위야와 무함마드의 사위이자 조카였던 알리의 대결은 알리가 암살당하면서 무아위야의 승리로 돌아갔다. 그런데 알리의 죽음 이후 알리의 아들이 칼리프의 지위를 이어받아야 한다고 주장하는 사람들이 등장했다. 알리는 하산과 후세인 두 아들을 두었는데, 이들은 무함마드의 외손자이기도 했다.

알리의 장남 하산은 이미 자신에게 칼리프가 될 만한 힘이 없

• 다마스쿠스의 대(大) 모스크
　시리아의 다마스쿠스에 있는 초기 이슬람 시대 모스크이다. 우마이야 왕조의 칼리프 왈리드 1세 때 지어졌다.

다고 생각하고 무아위야의 권위를 인정하겠다고 선언했다. 이에 기뻐한 무아위야는 그를 헤치지 않고 풍족한 연금을 지급하여 메디나에서 조용히 살게 해주었다. 경쟁자를 제친 무아위야(재위: 661~680)는 칼리프의 자리에 올라 권력을 강화해갔다. 자신이 힘을 키워왔던 시리아의 다마스쿠스로 수도를 옮겼으며, 부족 단위로 부대를 구성하던 군대 조직을 칼리프의 지휘 아래 일사불란한 체제로 다시 구성하였다.

무아위야는 비잔티움 제국이라는 적도 잘 이용했다. 그는 끊임없이 비잔티움 제국과 전쟁을 벌였는데, 비잔티움 제국을 무너뜨리는 데 성공하지는 못했다. 하지만 전쟁을 벌이면서 자신을 이슬람의 위대한 지도자로 선전하였고 무슬림들의 충성을 끌어모을 수 있었다. 이처럼 외부의 적은 내부의 단결을 확인시켜 주는 계기가 되기도 한다.

카르발라의 참극이 벌어지다

칼리프 알리에게는 하산 말고도 후세인이라는 아들이 있었다. 무아위야가 칼리프에 올라 힘이 강했을 때는 별로 문제가 되지 않았지만, 무아위야가 죽고 아들인 야지드(재위: 680~683)가 칼리프 자리에 오르면서 이슬람 국가는 다시 시끄러워지기 시작했다. 원로 회의에서 칼리프를 뽑아야 한다고 생각하는 사람들이 칼리프의 자리를 세습한 야지드를 인정하지 않겠다고 나선 것이다. 이들은 후세인을 중심으로 모이기 시작했다. 후세인은 메디나에 숨어 살았던 형과는 달리 야심이 있는 인물이었고, 자신에게 칼리프 자리의 정통성이 있다고 생각했다.

이라크의 쿠파 주민들이 후세인을 적극적으로 돕기로 했다. 메카에서 지내던 후세인은 몰래 쿠파로 가서 그곳을 근거지로 삼아 반란을 일으키고자 마음먹었다. 하지만 누군가 이 사실을 야지드에게 일러바쳤고, 야지드는 쿠파로 향하던 후세인 일행을 추격하는 군대를 보냈다. 쿠파를 코앞에 둔 이라크의 카르발라에서 후세인은 야지드의 군대와 마주쳤다. 야지드의 군대는 살려달라고 애원하는 후세인과 그 일행을 살해했고, 어린 후세인의 아들만 살아남을 수 있었다. 680년에 일어난 이 사건을 무슬림들은 '카르발라의 참극'이라고 부른다.

후세인의 비참한 죽음이 전해지자 예전부터 알리를 지지했던 사람들은 야지드와 우마이야 가문에 대한 분노를 감추지 못했다. 우마이야 왕조는 이들을 반란 세력으로 생각해 계속 공격하

- **카르발라의 참극**
  후세인은 우마이야 왕조에 반기를 드는 모반을 도모했다는 이유로 처참히 살해된다. 이를 계기로 이슬람은 시아파와 수니파로 나뉘었다.

고 탄압하였다. 증오가 증오를 낳고 복수가 복수를 부르는 법이라고 했다. 카르발라의 학살과 우마이야 왕조의 탄압 속에서 알리와 그 아들들을 지지하던 이들은 이제 후세인의 죽음을 신의 뜻을 지키려는 순교라고 생각하게 되었다.

원래는 "누가 칼리프가 되어야 할까"라는 정치적 문제를 두고 서로 나뉘었던 사람들이 이제는 "신의 뜻이 과연 무엇인가"를 다르게 해석하는 종교 세력으로 갈라져버렸다. 후세인의 죽음을 순교로 보는 사람들은 '시아 알리(알리의 추종자)' 또는 '시아파'라고 불렸다. 시아파 신자들은 메카와 메디나뿐 아니라 후세인이 죽은 카르발라도 중요한 성지로 여겨 순례 여행지로 삼고 있다.

중앙아시아에서 모로코까지 세력을 넓히다

후세인의 죽음 이후 우마이야 왕조는 순조롭게 통치를 이어갔을까? 카르발라의 참극을 명령했던 야지드는 오래 살지 못했고 그의 어린 아들도 마찬가지였다. 이슬람 국가는 또다시 내란에 휩싸이게 되었고, 여러 다툼 끝에 우마이야 가문의 압둘 말리크(재위: 685~705)가 칼리프가 되면서 혼란이 가라앉았다. 압둘 말리크는 분열되었던 이슬람 국가를 단단하게 세워놓은 뒤 아들 알왈리드에게 제국을 물려주었다.

우마이야 왕조 시대의 최대 영역(661~750년)

흑해   카스피해   아랄해

로마   콘스탄티노플

비잔티움 제국

지중해

페르시아

우마이야
왕조   트리폴리   이집트   •예루살렘   페르시아만

아라비아   인도

아프리카

홍해   아라비아해

• **우마이야 왕조의 영토 확장**

에스파냐 지역을 제외하면 오늘날의 이슬람 세계와 대부분 일치한다.

알 왈리드(재위: 703~715)는 우마이야 왕조의 영역을 확장하는
데 노력을 기울였다. 동쪽으로 세력을 넓혀 사마르칸트를 중심
지로 삼고 중앙아시아에 이슬람을 전파했다. 인도에도 이슬람
원정대가 떠나 인더스강 지역에 이슬람이 전해졌다. 서쪽으로
는 북아프리카를 정복하고, 그곳에서 지브롤터해협을 건너 이
베리아를 장악했다. 이후 무슬림은 800년간 에스파냐를 영토로
삼았다.

이 시기는 우마이야 왕조의 최고 전성기였다. 알 왈리드의 영토 확장은 중요하게 봐야 하는데, 그 이유는 오늘날의 이슬람 세계 지도가 당시의 영향을 많이 받았기 때문이다. 에스파냐를 뺀다면 이때 정복된 지역 대부분은 현재에도 이슬람 세계에 속한다. 이슬람 세계의 밑그림이 우마이야 왕조 때 완성되었다고 볼 수 있다.

이슬람 제국일까? 아라비아 제국일까?

이슬람 세계를 확장시킨 우마이야 왕조는 이슬람 제국일까? 아라비아 제국일까? 무슨 차이가 있는지 고개를 갸웃거릴 수도 있다. 비슷한 것 같지만 이슬람 제국인지, 아라비아 제국인지 구별하는 일은 우마이야 왕조의 역사적 의의와 한계를 보여주는 것이기 때문에 꼭 따져보아야 할 질문이다.

답을 찾기 위해 우마이야 왕조가 제국을 어떻게 다스렸는지 알아보자. 우마이야 왕조의 통치자들은 넓은 영토를 효율적으로 다스릴 방법을 고민하다가 여러 지역마다 다른 말과 화폐를 통일해야겠다고 생각했다. 먼저 그리스어와 페르시아어를 금지하고 아라비아어를 공용어로 정하여 제국 내 사람들이 손쉽게 의사소통을 할 수 있도록 했다. 또 비잔티움 제국의 화폐 대신 사용

· 우마이야 왕조의 디르함 은화
디르함은 이슬람 세계에서 사용되던 은화로, 금액의 단위인 동시에 은화 자체의 호칭이다. "알라 외에
신은 없다"는 「기도문」이 씌어 있다.

하기 위해 이슬람 최초로 금화와 은화를 만들어 제국 내 경제 활
동이 쉽게 이루어지도록 했다.

　제국을 통치하는 데 언어와 화폐의 통일만으로는 부족했다.
넓은 제국의 각 지역에 중앙 정부의 명령을 전달하고 세금을 잘
거두어들이기 위해서는 교통이 잘 정비되어야 했다. 고대 페르
시아가 그랬듯이 우마이야 왕조도 정부의 관리들이 빠르게 오갈
수 있도록 교통로를 정비하고 숙소와 말을 갖추어두는 역참제를
마련하였다. 각 지방은 칼리프가 보낸 총독이 다스리게 했는데,
총독은 아라비아인에게만 중요한 관직을 주었다.

　아라비아인은 본래 아라비아반도의 사람들이었지만, 이 시대

에 와서는 무함마드 때 이슬람으로 개종한 사람들의 가문을 뜻하는 말로 사용되었다. 이 아라비아인을 가장 높은 계급으로 대우했고, 제국이 커지는 과정에서 힘에 굴복해 이슬람을 받아들인 사람들은 마왈리(비아라비아인 무슬림)라고 부르며 낮은 계급으로 대우했다.

유대교도와 크리스트교도는 개종을 강요하지는 않았지만, 마왈리보다 더 낮은 계급으로 삼았다. 그리고 계급에 따라 세금도 차이를 두었다. 우마이야 왕조는 아라비아인을 우대하고 아라비아어를 통해 제국을 통치함으로써 아라비아의 문화를 이슬람 세계에 전파했다는 점에서 이슬람 제국보다는 아라비아 제국으로 불러야 할 것이다.

그런데 마왈리는 같은 무슬림이면서도 아라비아인은 내지 않는 세금을 내야 하고, 전쟁에도 기병이 아닌 보병으로만 참가할 수 있어서 우마이야 왕조에 많은 불만을 갖고 있었다. 아라비아인은 정복지에 땅을 가지고 있어도 세금을 면제받았다.

그런데 이슬람이 어떤 종교였던가? 무함마드는 알라 앞에서 모두가 형제라고 하지 않았던가? 아라비아인만을 우대하는 통치는 이슬람의 근본정신에도 맞지 않는 것이었다. 아라비아인과 다른 무슬림을 차별하는 정책은 우마이야 왕조가 약해지는 원인 중 하나였다.

　게다가 무함마드의 사위 알리를 따르는 시아파 역시 우마이야 왕조 내내 중앙 정부의 권위에 도전하였다. 우마이아 왕조의 힘이 약화되자 이를 틈타 각 지역의 불만 세력과 부족들이 반란을 일으키고 서로 주도권을 다투기 시작했다. 이제 우마이야 가문은 칼리프의 지위를 내려놓게 되었다.

02

아바스 왕조, 이슬람 제국을 세우다

우마이야 왕조를 대신한 새로운 지배자는 누구였을까? 바로 예언자와 먼 친척이 되는 아바스 왕조였다.

아바스 가문은 무함마드의 숙부인 아바스의 자손으로 예언자와 같은 집안이었다. 그래서 예언자의 혈통을 지지하는 사람들과 우마이야 왕조 반대파들의 도움을 얻어 칼리프의 자리를 차지할 수 있었다. 새 왕조는 우마이야 왕조의 근거지였던 시리아의 다마스쿠스를 버리고 이라크의 바그다드를 새 수도로 삼았다. 바그다드는 티그리스강과 유프라테스강 사이에 위치하여 적의 침입을 방어하기 좋았고, 동서 교역로가 지나는 길목에 위치해 경제 발전에도 유리한 도시였다.

아바스 왕조의 제2대 칼리프 알 만수르(재위: 754~775)는 바그다드에 새로운 왕궁을 세웠다. 이제 이슬람 제국의 신장은 지중해 시리아에서 메소포타미아 지역으로 옮겨갔다. 단순히 수도의 위치만 바뀐 것은 아니었다. 다마스쿠스를 수도로 삼았던 우마이야 왕조는 비잔티움의 문화에 많은 영향을 받았지만, 바그다드를 수도로 삼은 아바스 왕조는 옛 페르시아 문화와 섞인 이슬람 문화를 발전시켰다.

아바스 왕조에서 가장 잘 알려진 군주는 제5대 칼리프 하룬

• **하룬 알 라시드**
카롤루스 대제의 사절을 맞이하는 하룬 알 라시드의 모습이다. 하룬 알 라시드는 아바스 왕조의 제국을 힘을 전성기로 이끈 칼리프로 알려져 있다.

알 라시드(재위: 786~809)이다. 그는 '아라비안나이트'라고 부르기도 하는 『천일야화』의 이야기 속에 여러 번 등장하는 인물이다. 『천일야화』는 아라비아어로 쓰인 페르시아 최고의 설화 문학 작품인데, 거기에 역사적 실존 인물이면서도 여러 번 나오는 것을 보면 그만큼 하룬 알 라시드가 대단한 군주였음을 짐작할 수 있다. 그는 당시 사람들에게 칼리프라고 하면 가장 먼저 연상되는 존재가 아니었을까? 실제 그의 시대에 중앙 정부의 관료 체제가 잘 구축되고 동서 교역로가 정비됐으며, 학문·문화가 눈부시게 발전했다.

모든 무슬림은 평등하다

아바스 왕조도 우마이야 왕조처럼 아라비아 제국일까? 아니면 진정한 의미의 이슬람 제국으로 부를 수 있을까?

앞에서 썼듯이 우마이야 왕조는 아라비아인을 우대하고 다른 무슬림은 차별했다. 우마이야 왕조가 쇠퇴한 가장 중요한 이유도 아라비아인 우대 정책에 대한 불만 세력이 늘었기 때문이다. 그런 우마이야 왕조를 무너뜨리고 세워진 아바스 왕조였기에 아라비아인 위주의 정책은 반드시 고쳐야 했다.

아바스 왕조는 정복민으로서 아라비아인의 특권을 인정하지 않았다. 수도가 바그다드로 옮겨지면서 페르시아인 무슬림이 지배층에 참여하게 되었고, 아라비아인과 비아라비아인에 대한 차별은 폐지되었다. 세금을 낼 때 치별히는 제도도 없었다. 무슬림은 아라비아인, 비아라비아인 상관없이 모두 종교에 따른 세금이 면제되었다. 아라비아인이라도 정복지에 땅을 가지고 있으면 세금을 내야만 했다.

아라비아인의 특권적인 지위가 사라지고 무슬림에 대한 평등한 지위를 약속함으로써 아바스 왕조는 아라비아 제국이 아니라 이슬람 제국으로 부를 수 있게 되었다. 신분 차별이나 계급 차이는 존재했지만 적어도 무슬림 안에서 제도적 차별이 사라졌다. 무함마드는 신자들을 향한 마지막 순례 여행에서 모든 무슬림은 평등하다고 외쳤다. 무슬림 평등 원칙이 세워진 아바스 왕조는, 그런 의미에서 진정한 이슬람의 가치가 실현된 이슬람 제국이었다고 말할 수 있겠다.

페르시아 양탄자, 바닷길을 건너다

바닥에 깔아놓은 카펫이라고 하면 가장 먼저 떠오르는 것은 무엇인가? 바로 페르시아 양탄자이다. 페르시아 양탄자가 유명해지기 시작한 때가 바로 아바스 왕조 시대였다.

본래 교역의 중심지였던 바그다드는 새로운 수도가 된 이후 동서 무역의 근거지인 동시에 다양한 문화가 공존하는 국제 도시로 발전해갔다. 당시 중국 대륙을 다스리던 당나라도 동서 교역을 통한 경제 발전에 관심이 많았다. 아바스 왕조와 당나라는 탈라스 전투를 벌이기도 했지만 경제와 문화의 교류는 활발히 이뤄졌다. 당나라 비단이 바그다드에 수입됐고 종이 만드는 법이 전해져 제지 산업이 크게 발전했다. 페르시아 지역은 고대부터 양털을 두껍게 짜서 만드는 양탄자가 유명했는데, 아바스 왕조 때 동서 무역이 활발해지면서 페르시아 양탄자가 중국을 비

• **페르시아 양탄자**
양탄자는 고대부터 페르시아의 특산물이었다. 주로 식물과 꽃 등을 나타내는 아라베스크 무늬로 꾸며져 있다.

롯해 비잔티움 제국까지 날개 돋친 듯이 팔려나갔다. 페르시아 양탄자라는 이름을 통해 아바스 왕조의 경제 활동을 짐작해볼 수 있는 것이다.

돈벌이에 밝은 무슬림 상인은 페르시아만의 여러 항구에서 큰 배에 가득 실은 페르시아 양탄자 등을 인도, 동남아시아, 중국으로 가서 팔았다. 돌아오는 배에는 중국과 인도의 비단, 향료 등을 가득 실어 왔고 비잔티움 제국과 북아프리카와 거래하였다. 아바스 왕조 때 지리책 『제도로 및 제왕국지』에는 중국 건너에 신

• **인도양을 항해하는 이슬람 상선**
중세 이슬람 상인들은 배를 타고 중국, 동남아시아까지 진출했으며, 한반도의 신라와도 교류했던 것으로 알려져 있다.

라국이 있었다는 기록이 있는데, 이 당시에도 상업 활동을 통해 우리와 이슬람 세계 간에 교류가 있었던 것을 알 수 있다.

맘루크 군대와 허수아비 칼리프

아바스 왕조에는 맘루크라는 노예 병사들이 있었는데 대부분 튀르크인이었다. 칼리프에게 속하여 충성을 바쳐야 하기 때문에 '노예'로 불리기는 했지만, 생활도 풍족했고 때때로 지배층으로 대우받았으며 심지어는 정복지의 총독이 되는 일도 있었으니 우리가 아는 노예와는 성격이 조금 다르다고 봐야 한다. 칼리프들은 용맹한 튀르크인을 어릴 때부터 궁정에서 교육시키면서 자신만을 위한 충성스러운 군인으로 길러 곁을 지키게 했다. 바그다드의 궁정에서는 아라비아인과 페르시아인 간에 늘 갈등이 있었기 때문에 이들로부터 칼리프를 보호하기 위해 튀르크인들을 친위대로 두었던 것이다.

그런데 맘루크 군대에게 칼리프가 너무 의존하게 되면서 문제가 생겼다. 맘루크가 칼리프를 믿고 자신들의 권력을 강화하기 시작한 것이다. 861년 칼리프 알 무타와킬은 이를 바로잡으려 했지만 오히려 맘루크의 손에 목숨을 잃었다. 그 후 수십 년간 맘루크는 칼리프를 앞세워 권력을 휘둘렀으며, 칼리프가 그들에게 조금이라도 위협이 된다고 판단하면 곧바로 자리에서 쫓아내버렸다.

바그다드 중앙 정부의 통치가 불안해지자 지방의 여러 세력이 그 틈을 노려 독립을 선언하고 아바스 왕조에 도전해왔다. 게다가 이란계 브와이흐가 침입하여 바그다드를 점령하였고, 칼리프는 그나마 갖고 있던 통치권마저 빼앗겼다. 아바스 왕조는 지방 반란과 이민족의 침입으로 여러 나라로 쪼개졌고, 바그다드의 아바스 왕조는 무함마드의 후계자라는 종교적인 권위만 가진 허수아비 칼리프로 남게 되었다.

03

이슬람 세계가 나뉘다

무함마드 때부터 우마이야 왕조 때까지는 한 시기에 한 명의 칼리프가 이슬람 국가를 통치하며 지하드를 통해 영토를 끊임없이 확장했다. 그런데 아바스 왕조로 넘어가면서 더 이상 이슬람 세력이 뻗어나갈 곳이 마땅치 않게 되었다. 쉽게 말하면 정복할 만한 곳은 이미 다 정복해버렸고 팽창은 한계에 이른 것이다. 아바스 왕조 이후부터는 전쟁을 통해 이슬람을 전파하는 일은 사실 시들해졌다. 이슬람을 전파한다는 종교 의무는 당연한 것이었지만 그것을 위해 무리한 전쟁에 나서는 일은 사라져버렸다.

게다가 칼리프의 힘이 예전 같지 않았다. 칼리프는 예언자 무

• 이슬람 세계의 분열
11세기가 되면서 이슬람 세계는 여러 독립 세력과 왕조로 나뉘었다.

함마드의 후계자로 단 한 사람뿐이었으며, 종교적 권위뿐 아니라 정치·군사권을 모두 갖고 있었다. 그런데 아바스 왕조 이후부터 각 지방마다 독립 세력이 여럿 등장하면서 서로 자신이 칼리프라고 자처하는 일이 일어났다. 칼리프의 의미가 '이곳의 왕이다'라는 정도로 줄어들어버렸다고 할 수 있다. 그러면서 이슬람 세계는 여러 독립 세력과 왕조로 쪼개져 나갔던 것이다.

하지만 여러 명의 칼리프가 등장했어도 이미 높은 수준으로 발전한 이슬람 문화는 여러 이슬람 국가들을 하나로 묶는 끈이 되어주었다. 당신이 아라비아어를 잘 아는 무슬림이라면 바그다드에서 다마스쿠스, 이집트, 모로코, 코르도바 어느 도시를 가도 환영받으며 여행을 할 수 있었을 것이다. 그럼 아바스 왕조 이외에 어떤 이슬람 국가가 있었는지 살펴보자.

유럽에 이슬람 국가가 있었다고? – 후 우마이야 왕조

가톨릭 국가로 잘 알려진 에스파냐 남부 지역에는 알함브라 궁전 같은 이슬람 유적이 많이 남아 있다. 우마이야 왕조가 한참 영토를 확장하던 당시에 북아프리카를 거쳐 이베리아반도까지 진출해 이슬람을 전파했기 때문이다. 그런데 아바스 왕조가 새로운 이슬람 제국의 주인이 되려던 그 무렵 압둘 라만이라는 아라비아인이 배를 타고 몰래 지브롤터해협을 건너고 있었다.

압둘 라만(재위: 756~808)은 우마이야 가문의 후손이었는데, 우마이야 왕조가 무너지고 가문에 대한 박해가 시작되자 시리아 군인들의 도움을 받아 새로운 기회를 찾아가는 길이었다. 새로운 기회의 땅은 바로 지브롤터해협 건너에 있는 이베리아반도였다. 압둘 라만은 코르도바를 수도로 삼고 자신을 칼리프로 일컬으며 우마이야 왕조를 다시 열었다고 선언했다. 사람들은 시리아에 있었던 우마이야와 구분하기 위해 이베리아반도의 우마이

- **코르도바**

  에스파냐의 남부 도시로 '풍요롭고 귀한 도시'라는 뜻을 갖고 있다. 중세에 이슬람의 지배를 받았기에, 오늘날에도 이슬람의 색채가 남아 있다.

©shutterstock

- **메스퀴타 모스크**

  본래 이슬람 사원인데 에스파냐가 코르도바를 점령한 이후 이곳 안에 크리스트교 예배당을 지었다.

야 왕조를 '후 우마이야 왕조'라고 부른다.

후 우마이야 왕조는 이미 이베리아반도에 들어와 있던 다른 이슬람 세력, 크리스트교 세력과 경쟁을 벌이면서 세력을 확장해갔다. 점차 영토를 넓힌 끝에 10세기 중반이 되면서 지중해 서쪽 바다에서는 가장 강한 해군을 갖게 되었다. 수도였던 코르도바는 이슬람 문화의 새로운 중심지로 떠올랐다. 코르도바는 유럽 전체에서 가장 세련된 첨단의 도시였다고 할 수 있는데, 이는 당시 유럽을 지배하던 게르만족의 문화 수준이 형편없었기 때문이다.

예언자의 딸 파티마를 숭배하다 – 파티마 왕조

우마이야 왕조, 아바스 왕조는 칼리프를 차지한 가문의 이름을 따서 왕조의 이름을 붙였다. 그런데 파티마 왕조는 무함마드의 딸이자 칼리프 알리의 아내였던 파티마에서 이름을 가져왔다. 파티마 왕조는 왜 예언자의 딸 이름을 붙였을까?

앞에서 카르발라의 참극과 시아파 – 수니파의 대립을 잘 읽어보았다면 짐작할 수 있을 것이다. 파티마 왕조는 아바스 왕조에 저항하던 시아파 일부 세력이 세운 나라였다. 시아파는 예언자의 핏줄이 칼리프의 지위를 이어야 한다고 믿는 사람들이다. 그

• 알 아즈하르 대학
이집트 카이로에 있는 국립 종합대학교이다. 이슬람 사원의 부속 학교에서 시작했기 때문에 지금도 종
교의 색이 강하다.

래서 무함마드의 유일한 딸이었던 파티마를 왕조의 이름으로 삼
았다. 이들은 시리아에서 저항 운동을 벌이다가 북아프리카로
진출해 카이로를 장악하고 세력을 키워갔다. 가장 전성기에는
북아프리카 전역과 시리아, 아라비아반도 서쪽까지 장악했다. 파
티마 왕조는 수도를 카이로로 정하고 '알 카히라(승리의 도시)'라고
불렀는데, 아라비아인은 요즘도 카이로를 이렇게 부른다.

　　　　　　　　　　　　　　제2장 이슬람 세계의 발전

아바스 왕조와 마찬가지로 파티마 왕조도 동서 무역에 적극적으로 참여하여 경제적으로 풍요로웠다. 게다가 수도 알 카히라(카이로)가 어떤 곳인가? 나일강 유역의 농업 자원은 풍부했고 북아프리카와 팔레스타인 지방을 잇는 교역로는 이집트를 통해야만 했다. 정치적으로는 그다지 안정적이지 못했지만, 파티마 왕조는 경제를 바탕으로 이슬람 문화의 새로운 중심지로 인정받았다. 이슬람 사원인 모스크에는 교육 시설을 두었는데, 이곳을 중심으로 이슬람 학문이 발전했다. 그리고 970년 무렵에 파티마 왕조가 알 아즈하르 사원을 세우고 거기에 교육 기관을 두었다. 현재 이집트의 국립대학인 알 아즈하르 대학이 거기서 시작되었다. 무슬림들은 이곳을 세계에서 가장 오래된 대학으로 여긴다.

노예 병사에서 술탄의 자리에 오르다 – 셀주크 튀르크

셀주크 튀르크는 중앙아시아에 살던 튀르크 유목민이었다. 10세기 무렵에 튀르크의 족장 셀주크가 자신의 무리를 단체로 이슬람교로 개종하였고, 이들 중 많은 사람이 노예 병사로 고용되어 칼리프에게 팔려가기도 했다. 그런데 100여 년이 흐른 11세기가 되자 아바스 왕조, 파티마 왕조, 비잔티움 제국이 모두 힘이 약해지면서 셀주크 튀르크가 세력을 키워가기 시작했다.

- **셀주크 튀르크의 성장**

  셀주크 튀르크는 페르시아 지방을 장악하고 이후 아나톨리아 지역까지 차지하였다.

    셀주크 튀르크는 먼저 페르시아 지방을 장악하고, 뒤이어 바그다드를 장악했다. 그리고 아바스 왕조를 위협하던 부와이흐 왕조를 무너뜨렸다. 이미 실권 없는 껍데기에 불과한 아바스 왕조의 허수아비 칼리프는 셀주크의 지배자 투그릴(재위: 1038~1072)에게 '술탄'이라는 이름을 내려주었다. 술탄은 '통치자'를 뜻하는데, 종교 지배자인 칼리프가 정치 지배자인 술탄을 인정해준다는 의미이다. 한때 칼리프의 노예이기도 했던 튀르크인이 이슬람의 지배자가 되는 순간이었다.

1071년 술탄 아르슬란(재위: 1063~1072)은 오늘날 터키 지역에서 벌어진 전투에서 비잔티움 군대에 큰 승리를 거둬 아나톨리아(소아시아라고 불리기도 했다. 아시아 대륙 서쪽 끝의 대반노들 말아버, '해뜨는 곳'이라는 그리스어에서 붙여진 이름이다) 지역을 차지했다. 아나톨리아는 본래 비잔티움 제국의 영토였으며 예전 그리스와 로마의 세력권이었다. 그런데 아르슬란의 승리 이후 아나톨리아에 점차 튀르크인이 들어와 살면서 로마와 크리스트교 문화를 밀어내고 이슬람 문화가 뿌리내렸다. 1092년 술탄 말리크샤 1세(재위: 1072~1092) 이후에는 내전이 일어나서 여러 독립 국가로 쪼개졌다.

셀주크 튀르크와 십자군 전쟁

중세 유럽의 가장 중요한 전쟁은? 대부분은 십자군 전쟁이라고 대답할 것이다.

중세 유럽의 교황과 기사들은 이슬람 세력으로부터 비잔티움 제국을 지키고 예루살렘을 되찾고자 호소하며 십자군의 깃발을 들었다. 그런데 여기서 말하는 '이슬람 세력'이 바로 셀주크 튀르크이다. 1071년 셀주크의 술탄 아르슬란은 비잔티움 제국으로부

• **다마스쿠스에 있는 살라딘의 동상**
이슬람 영웅으로 칭송받는 살라딘은 파티마 왕조를 멸망시키고 이집트에 아이유브 왕조를 세웠다.

터 아나톨리아를 빼앗았을 뿐만 아니라 파티마 왕조로부터 예루살렘을 빼앗았다. 셀주크 튀르크의 계속된 공격에 겁을 먹은 비잔티움 황제가 로마 교황에게 구원군을 요청하면서 그 유명한 십자군 전쟁이 시작되었다.

십자군 전쟁은 처음에는 유럽인에게 유리하게 전개되었다. 1099년 예루살렘이 유럽 기사들에게 정복되었고, 그 주변으로 여러 십자군 무리들이 세운 크리스트교 국가들이 들어섰다. 유럽인의 눈으로 보자면 십자군 전쟁은 중세 기사의 용맹함을 보여주는 사건이면서, 동시에 중세 유럽이 외부로 확장해가려는 시도라고 평가할 수 있다.

그렇다면 무슬림의 눈으로 보면 십자군 전쟁은 무엇이었을까? 무슬림이 보기에 십자군 전쟁은 이슬람 국가들이 분열된 틈에 중세 유럽의 야만인들이 중동을 침입한 사건이었다. 십자군 전쟁에 참전했던 유럽인의 글은 이슬람 문화의 경이로움을 기록하고 있는 반면, 당시 무슬림의 글은 하나같이 유럽인의 야만적인 행동과 낮은 과학 지식에 탄식하는 내용을 기록하고 있다. 결국 야만인을 몰아내기로 하고 이슬람 국가들이 힘을 합하자 십자군은 급속히 약화되었다. 결국 1187년 이슬람 영웅으로 이름 높은 살라딘의 활약으로 예루살렘이 회복되었다.

04

이슬람 세계의 새로운 지배자, 오스만 제국

아바스 왕조의 힘이 약해진 뒤로 이슬람 세계의 여러 나라들
이 발전과 쇠퇴를 거듭하였다. 그러던 13세기 초 칭기즈칸(재위:
1206~1227)의 몽골군이 중앙아시아를 지나 이슬람 세계를 침략하
였다. 1258년에는 칭기즈칸의 손자 훌라구(재위: 1259~1265)가 바
그다드를 점령하고 아바스 왕조의 마지막 칼리프 알 무스타심(재
위: 1242~1258)을 죽였다. 몽골군의 침략 아래 이슬람 세계는 끝나
는 듯싶었지만, 이집트의 무슬림들이 몽골의 침략을 막아내면서
이슬람의 전통문화를 이어나갔다. 이후 중동을 장악한 몽골 정
복자들이 이슬람을 받아들여 무슬림이 되면서 이슬람 세계는 조

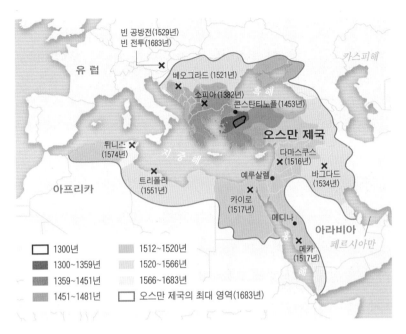

빈 공방전(1529년)
빈 전투(1683년)

유럽

베오그라드 (1521년)

소피아 (1382년)

콘스탄티노플 (1453년)

흑 해

카스피해

오스만 제국

튀니스 ✕
(1574년)

지 중 해

다마스쿠스
(1516년)

아프리카

트리폴리
(1551년)

예루살렘 ●

바그다드
(1534년)

카이로
(1517년)

메디나 ●

아라비아

페르시아만

메카
(1517년)

홍
해

	1300년		1512~1520년
	1300~1359년		1520~1566년
	1359~1451년		1566~1683년
	1451~1481년		오스만 제국의 최대 영역(1683년)

- **오스만 제국의 전성기**

  오스만 제국은 서부 아나톨리아 지방에서 건국되었는데, 점차 영토를 넓혀 17세기에는 지도와 같이 세력을 이루었다.

금씩 살아났다.

　몽골이 이슬람 세계를 지배하던 무렵 아나톨리아 지방에 오스만이라는 튀르크인이 작은 국가를 세워 세력을 키워나갔다. 건국자 오스만(재위: 1299~1326)의 이름을 붙인 오스만 제국은 이슬람 국가였지만 비무슬림을 포용하는 정책을 펼쳐 다양한 인종과 종교를 가진 주변 지역 사람들에게 인기를 얻었다. 한때 중동을 휩

쓸던 티무르(재위: 1370~1405)로 인해 큰 타격을 받기도 했지만 티무르의 죽음 이후 다시 살아났고, 비잔티움 제국을 무너뜨리고 페르시아, 시리아, 이집트를 차례로 정복하여 이슬람 세계의 새로운 지배자가 되었다.

위대한 술탄들 – 셀림 1세와 술레이만 1세

오스만 제국의 전성기는 어떤 군주의 손에서 완성되었을까?

오스만 제국은 셀주크 튀르크가 아바스 왕조에게 받은 이름처럼 '술탄'을 지배자의 호칭으로 사용했다. 오스만의 술탄 셀림 1세(재위: 1512~1520)는 1517년 맘루크 왕조가 지배하던 이집트를 정복하면서 이집트에 남아있던 칼리프 알 무타와킬에게서 칼리프의 칭호와 권위를 넘겨받았다. 아바스 왕조가 약해지면서 칼리프는 종교적 권위를, 술탄은 정치적 권위를 나타내는 칭호로 나뉘었는데, 이제 다시 한 사람의 지배자가 종교와 정치적 권위를 모두 갖게 된 것이다. 셀림 1세 때 오스만 제국은 이슬람 세계의 지배자가 되었다고 할 수 있다.

셀림 1세의 아들 술레이만 1세(재위: 1520~1566)는 아버지에 이어 더욱 빛나는 성공을 이어갔다. 터키 사람들은 술레이만 1세 앞에 '위대한 술탄'이라는 별명을 붙여 부르기를 좋아한다. 이는

- **셀림 1세(왼쪽)**
  오스만 제국의 제9대 술탄. 이집트를 정복하여 오스만 제국의 영토로 삼았다. 재위하는 동안 오스만 제국의 영토를 두 배 이상 확장한 인물로 유명하다.
- **술레이만 1세(오른쪽)**
  오스만 제국의 제10대 술탄. 오스만 제국의 최대 전성기를 이끌었다는 평가를 받는 술탄이다. 문화, 예술, 공예 등의 분야에서 문화적으로도 전성기를 누렸다.

그를 그만큼 뛰어난 인물로 기억하고 있다는 것을 보여준다. 술레이만 1세는 헝가리를 정복했을 뿐 아니라 북아프리카를 차지하고 지중해까지 완전히 장악하였다. 사실 영토를 넓히는 것만으로 위대한 군주가 될 수는 없다. 술레이만은 학문과 예술을 발전시킨 것으로도 유명한데, 수도 이스탄불(옛 콘스탄티노플)을 동서 문화가 공존하는 최고의 도시로 만들기도 했다.

콘스탄티노플에서 이스탄불로

유럽과 아시아를 모두 가볼 수 있는 도시는? 정답은 오스만 제국의 수도 이스탄불이다. 1453년 정복자로 불리는 메흐메드 2세(재위: 1444~1446, 1451~1481)는 수차례 공격해도 정복하지 못했던 난공불락의 요새 콘스탄티노플을 함락시켰다. 당시 70문의 대포를 가지고 두 달 동안 공격한 끝에 콘스탄티노플의 성벽을 무너뜨릴 수 있었다. 비잔티움 제국의 수도였던 콘스탄티노플은 이제 오스만 제국의 수도 이스탄불로 이름이 바뀌었다.

이슬람이 폭력을 앞세우는 과격한 종교라고 생각하기 쉬운데 이스탄불을 보면 이러한 선입견을 깰 수 있다. 서유럽의 십자군은 예루살렘을 점령한 뒤 무슬림과 유대교도를 학살하였다. 그러면 무슬림이 정복한 비잔티움 제국의 수도는 어떻게 되었을까? 오스만 제국은 파괴와 학살 대신 보존과 관용을 택했다. 비무슬림의 종교와 관습을 허용해주었고, 어느 정도 집단적 자치권을 보장하기도 했다. 유럽인의 박해를 피해 오스만 제국에 정착한 유대인이 있을 정도였다.

콘스탄티노플의 성 소피아 성당은 파괴되지 않았고 크리스트교 벽화만 회칠하여 가려진 채 그대로 남아 이슬람 사원으로 이용되었다. 이곳은 처음 900년 동안은 크리스트교 성당이었다가

- **성 소피아 성당**

  현존하는 가장 오래된 비잔티움 건축물이다. 본래 성당으로 지어진 건물이고 나중에 이슬람 사원을 상징하는 미나레트(첨탑)가 추가로 지어졌다.

- **보스포루스해협**

  터키의 서부, 마르마라해와 흑해를 연결하는 해협이다. 보스포루스해협을 사이에 두고 유럽과 아시아가 마주 보고 있다.

그다음 500년간은 이슬람 사원 모스크였으며, 현재는 회칠을 벗겨내고 역사 박물관이 되어 수많은 관광객을 끌어모으고 있다.

이스탄불은 아시아와 유럽을 나누는 보스포루스해협을 사이에 두고 있다. 하나의 도시 안에 아시아와 유럽이 공존하고 있는 것이다. 흑해와 지중해를 연결하는 보스포루스해협은 고대부터 교통의 요지로 주목받았으며, 바다로 둘러싸인 성벽은 이곳을 난공불락의 요새로 만들어주었다. 비잔티움 제국이 그랬듯이 오스만 제국도 수도 이스탄불이 가진 장점을 발판으로 영토를 넓혀나갔을 뿐 아니라 동서 무역을 장악했다.

번영하던 제국이 쇠퇴한 까닭은?

영원할 것만 같았던 오스만 제국은 어떻게 쇠퇴하기 시작했을까? 여러 이유가 있겠지만 많은 이들이 예니체리 군대를 중요한 원인으로 꼽는다.

14세기 무라드 1세는 크리스트교도 집안에서 어린 소년들을 뽑아 이슬람으로 개종시키고 특별한 군사 교육을 시켜 술탄을 지키는 군인으로 삼았다. 예니체리라 불리는 이들은 결혼할 수 없었고 독신으로 살면서 오직 술탄에게만 충성을 바쳐야 했다. 오스만 제국의 술탄들은 예니체리에게 자신을 보호하게 했으며 반란 세력을 잔인하게 진압하는 데에도 이용했다.

술탄의 총애를 받으면서 예니체리는 막강한 권력을 갖게 되었다. 그리고 권력을 놓치지 않기 위해 강한 연대 의식으로 뭉쳐서 술탄의 즉위까지 간섭했다. 17세기 이후 유럽이 근대화의 길을 가고 있을 때 오스만 제국은 여러 번 개혁의 살림실에서 좌절하고 말았다. 가장 큰 이유는 예니체리가 개혁과 변화를 자신들에 대한 위협으로 생각해 이를 번번이 훼방놓았기 때문이다.

1497년 이미 유럽인이 희망봉을 돌아 새로운 교역로를 찾으면서 유럽과 아시아를 잇는 예전의 교역로는 큰 타격을 받았다. 1683년 빈 전투에서 패배하면서 오스만 제국은 유럽에 더 이상 발을 붙이지 못하게 되었고, 17세기 말에는 러시아라는 새로운 라이벌과 전쟁을 벌였다.

오랜 시간 천천히 내리막길을 걷던 오스만 제국은 제1차 세계 대전에서 연합군에 패했고, 튀르크 민족주의자들은 이슬람 칼리프의 지위를 포기하고 터키 공화국을 세웠다. 1924년 오스만 칼리프제가 폐지되면서 전 이슬람 세계를 아우르는 종교 지배자는 사라지고 이슬람 국가들은 각자 현대사의 고비를 맞게 되었다.

이슬람에서 탄생한
또 다른 종교 '바하이교'

이슬람에서 생겨났지만 지금은 어엿한 또 다른 종교로 인정받고 있는 종교가 있다. 바하이교는 이슬람 내의 한 분파에서 생겨났지만, 이제는 하나의 독립된 종교로 인정받고 있다. 바하이교는 어떻게 생겨났을까?

바하이교를 알려면 먼저 수니파와 시아파의 이야기로 돌아가야 한다. 무함마드의 후계자 자리를 놓고 제3대 칼리프 우스만을 지지하는 사람들과 제4대 칼리프 알리를 지지하는 사람들 사이에 큰 다툼이 있었다. 우스만을 지지하는 사람들은 같은 가문에서 일어난 우마이야 왕조를 지지하였고, 이는 오늘날까지 이어져 이슬람에서 가장 큰 분파가 되었다. '수니'는 전통을 이어받는다는 뜻을 갖는다.

한편 시아파는 자신들이 따르던 제4대 칼리프 알리를 암살한 우마이야 왕조를 인정하지 않았다. '시아'는 분리되었다는 뜻을 갖는다. 시아파들은 알리가 죽은 뒤 이슬람 공동체를 이끌어 주는 '이맘'을 지도자로 여기며 따랐다. 수니파에서는 이맘이 예배를 주관하는 사람을 부르는 호칭이지만, 시아파에서는 그렇지 않다.

그런데 9세기에 시아파가 따르던 마지막 '이맘'이 죽었다. 시아파의 사람들은 그가 죽지 않고 언젠가 다시 돌아와 세상을 심판하고 자신들을 구원할 것이라 믿었다. 1863년 후세인 알리는 자신이 예언된 '이맘'이라 선포하고, 자신을 '바하올라(신의 영광)'라고 부르도록 했다. 시아파 가운데 알리를 '이맘'으로 믿고 그의 가르침을 따르기로 한 사람들을 '바하이'라고 한다.

하지만 대다수의 시아파들은 무함마드 이후 다시 예언자가 등장했다고 하는 바하이교를 인정하지 않았다. 시아파가 많은 이란에서는 바하이교가 탄압을 받았고, 많은 이들이 순교를 당했다. 박해를 피해 바하이교도들은 전 세계로 흩어졌는데, 오늘날에는 전 세계에 600여 만 명의 신도가 있다고 한다.

바하이교는 세계의 모든 종교가 하나의 근원에서 생겨났다고 믿는다. 모든 종교의 예언자들은 한 분의 신으로부터 계시를 받았으며, 바하올라가 이 시대를 위한 마지막 예언자라고 주장

• **바하이 사원**
  인도 델리에 있는 바하이 사원이다. 연꽃을 상징하는 모양을 나타내고 있다.

하였다. 또한 바하이교는 성별과 인종 차별에 반대하고 영원한 평화를 수립하는 것이 인류의 목표가 되어야 한다고 가르치고 있다.

문명의 충돌일까?
문명의 공존일까?

오늘날 이슬람 세계를 둘러싸고 벌어지는 많은 일을 이해하려면 꼭 알아야 하는 사건이 있다. 바로 '9·11 테러'이다.

2001년 9월 11일 알 카에다로 알려진 무장 테러 단체가 민간 항공기를 납치해 미국 뉴욕의 세계 무역 센터 건물과 워싱턴의 국방부 건물 등에 충돌시켰다. 이 일로 미국에서 3,000명 가까운 사람들이 목숨을 잃었다. 미국은 이에 보복하기 위해 '테러와의 전쟁'을 내세워 아프가니스탄과 이라크를 침공했다. 미국의 침공은 아프가니스탄과 이라크에 많은 민간인 희생자를 발생시켰다.

이 사건은 오사마 빈 라덴이 이끄는 알 카에다라는 테러 단체가 벌인 일이었다. 알 카에다는 미국에 대해 반감을 가진 과격 테러 단체이다. 그런데 그들의 종교가 이슬람이었기 때문에 많은 세계인이 이슬람에 대한 부정적인 시각을 갖게 되었다.

9·11 테러가 일어나자 사람들은 1996년 미국의 헌팅턴이라는 학자가 쓴 『문명의 충돌』이라는 책을 떠올렸다. 『문명의 충돌』은 냉전 시대 이후 문명이 세계 정치에서 가장 중요한 기준이 되있고, 문명과 문명이 서로 대립하면서 분쟁이 발생한다고 주장했다. 사람들은 9·11 테러가 바로 이 책에서 말하는 문명의 충돌, 즉 서구 문명과 이슬람 문명의 충돌이라고 생각했다.

이 책의 내용에서 보듯이 유럽(서구 세계)과 이슬람 간의 대립과 갈등은 오랫동안 이어져왔다. 중동의 이슬람 제국은 계속해서 영토와 종교를 팽창시키려 노력했고, 유럽은 이를 막으려고 안간힘을 썼다. 오히려 11세기에는 유럽인이 십자군 전쟁을 일으켜 이슬람 영토로 쳐들어가기도 했다. 서로 상대방을 적대적으로 보는 역사는 오래되었고, 근대 이후 제국주의 역사, 그리고 현대의 테러와 연관하여 갈등은 풀리지 않고 더욱 꼬여만 가고 있다.

그렇다면 세계는 문명 간의 충돌에서 벗어나지 못하는 걸까? 문명이 충돌하기만 한다면 세계 평화는 바랄 수 없는 것일까?

대립과 갈등을 중심에 놓고 보면 유럽과 이슬람의 역사는 '문명의 충돌'에 해당한다. 하지만 이에 못지않게 서로 간의 교류와 화합의 역사도 존재한다. 유럽과 이슬람 세계는 중세 이후 경제와 문화의 교류를 계속해왔다. 이베리아반도에서는 몇 백 년간 크리스트교도와 무슬림이 평화롭게 공존하며 살았다.

　게다가 문명은 한 가지 생각을 가진 사람들로만 이루어져 있지 않다. 미국을 싫어하는 과격 테러 단체가 무슬림이라고 해서 모든 무슬림이 테러리스트인 것은 아니다. 미국에 KKK단처럼 백인 우월주의 극우 단체가 있지만, 모든 미국인이 인종 차별주의자는 아닌 것처럼 말이다.

　20세기 세계를 편 가르던 공산주의와 자본주의의 이념 대립은 이제 끝났다. 하지만 21세기 세계는 여전히 9·11 테러와 이라크 전쟁 같은 끔찍한 일들을 겪고 있다. 문명 간 충돌은 당연한 것일까? 아니면 문명은 서로 공존할 수 있는 것일까?

한국에서 살아가는 이란인 가족이 나오는 다큐멘터리 프로그램이 있었다. 무슬림인 그들의 큰아들은 중학생인데 어릴 때부터 한국의 학교를 다녔다. 이국적으로 생긴 외모만 남다를 뿐 다른 한국 아이들과 잘 어울리는 평범한 아이였다. 그런데 어느 날 수업이 끝나고 친구들과 열심히 축구를 하던 그 아이는 땀을 많이 흘렸는데도 물을 한 모금도 마시지 않았다. 힘들게 집에 돌아와 저녁이 되어서야 물을 마실 수 있었다. 왜 물을 마시지 않았던 것일까? 그날은 라마단 기간이어서 무슬림들은 낮에 물과 음식을 먹을 수 없었다. 종교와 생활이 하나로 엮여 있는 무슬림에게는 해야 할 것도 많고 하지 말아야 할 것도 많다. 하지만 세상 일이 그렇듯 그렇게 된 이유가 있는 법이다. 이슬람의 독특한 생활은 어디에서 시작된 것일까?

제3장

이슬람의 교리와
무슬림의 생활

01

이슬람은 왜 성직자가 없을까?

종교를 가진 사람들은 고유한 믿음을 갖기 마련이다. 그렇다면 이슬람은 어떤 가르침을 말하고 있고 무슬림들은 어떤 믿음을 가져야 할까?

오, 믿는 자들아! 알라와 그의 사자, 그리고 알라께서 그의 사자를 통해 내려주신 경전과 그 이전에 내려주셨던 『성서』들을 믿으라. 그리고 누구든지 알라와 그의 천사들과 그의 경전들과 그의 사자들과 최후의 날을 믿지 아니하는 자는 정녕 멀리 길을 잃고 방황하리라.

『쿠란』의 이 구절처럼 무슬림은 다음 여섯 가지를 믿는다.

첫 번째는 유일신 알라에 대한 믿음이다. 이슬람이 등장하기 이전 아라비아인은 여러 신을 섬겼는데, 이에 반해 이슬람은 신은 오직 하나 뿐이라는 유일신 사상을 가르쳤다. '알라'는 아라비아어로 '신'을 부르는 말이다. 다른 신을 믿는 것은 용서받을 수 없는 죄가 된다. 무슬림에게 알라는 우주의 창조주이고 삶과 죽음의 주관자이며 모든 존재의 기초가 된다.

두 번째는 예언자에 대한 믿음이다. 알라는 복음과 진리를 가르치기 위해 때마다 예언자들을 보냈는데 그 수가 12만 4,000명이나 된다. 그중에서 『쿠란』에는 아담에서 무함마드까지 25명의 예언자가 나와 있다. 이 가운데 가장 중요한 예언자는 물론 무함마드이다. 이슬람은 무함마드가 마지막 예언자이며, 최후의 사자, 말세의 예언자라 강조하고 있다. 그러니까 무함마드 이후에는 다른 어떤 예언자나 계시가 없다고 본다.

세 번째는 경전에 대한 믿음이다. 이슬람은 신이 예언자들을 통해 신의 말씀을 보내어 경전을 완성했다고 본다. 그중에서 하늘의 경전이 그대로 구현된 것이 네 가지, 즉 모세의 『오경』, 다윗의 「시편」, 예수의 『복음서』, 무함마드의 『쿠란』이라고 여긴다. 그런데 앞의 경전들은 시간이 흐르면서 왜곡되었고, 이에 신은 마지막으로 무함마드를 통해서 『쿠란』을 내려주었다. 무함마드가 마지막 예언자인 것처럼 무함마드의 입을 통해 전해진 『쿠란』이야말로 가장 완벽한 최후의 『성서』가 된다.

네 번째는 천사에 대한 믿음이다. 『쿠란』에는 많은 천사들이 나오는데 그 가운데 가상 활약이 낳은 것이 가브리엘 천사이다. 무함마드에게 신의 계시를 알려주고 마리아에게 예수의 탄생을 알린 천사도 가브리엘이다. 그런데 이슬람에서는 천사보다 낮은 정령인 '진'이 존재한다고 믿는다. 진은 우리로 치자면 도깨비 정도에 해당하며, 불로 만들어졌다고 한다. 때로는 마법을 부리는 능력을 갖기도 하지만 사람처럼 선악이 나뉘고 수명이 정해져 있다. 『알라딘과 요술램프』에 나오는 '램프의 요정 지니'가 바로 여기에서 나왔다.

다섯 번째는 최후의 심판에 대한 믿음이다. 『쿠란』에 따르면 사람이 죽으면 심판의 날까지 모두 잠든 상태가 되었다가 부활의 날이 되면 무덤이 열리고 신 앞에 나가 심판을 받는다. 저마다 각자의 기록이 담긴 책에 따라 상벌을 받아 천국과 지옥으로 향하게 된다.

여섯 번째는 신이 내린 운명에 대한 믿음이다. 무함마드는 신이 세상을 창조하기 5만 년 전에 모든 피조물의 운명을 기록했다

고 하였다. 어떤 무슬림은 인간에게는 자유의지가 있다고 주장
하지만, 대다수의 무슬림은 신이 예정한 대로 구원을 믿고 열심
히 살아야 한다고 생각한다.

모스크에는 성직자가 없다

가톨릭 성당에 가면 신부가 있고, 절에 가면 승려가 있고, 개신
교 교회에 가면 목사가 있다. 그럼 이슬람 사원 모스크에는 누가
있을까?

신부, 승려, 목사 등 종교 의식을 주관하고 신도를 가르치는 일
을 하는 사람을 성직자라고 부른다. 성직자는 종교 교단을 운영
하는 데 필요한 관리 업무를 맡지만, 그보다 중요한 임무는 신자
들이 신에게 가까이 다가갈 수 있도록 중간 다리 역할을 하는 것
이다. 그 역할을 어느 정도 인정하느냐에 따라 때로는 성직자가
'신의 대리자'로 여겨진다.

그런데 이슬람 사원 모스크에는 성직자가 없다. 이슬람교 자
체에 성직자 제도가 없는데, 이는 다른 종교와 이슬람교를 구분
하는 중요한 차이점이다. 이슬람은 신과 인간 사이에 대리자가
필요 없다고 여기는 것이다. 누구나 기도와 예배를 통해 신과 직
접 대화하고 소통할 수 있다.

성직자뿐 아니라 선교사라는 이름도 이슬람에서는 찾아볼 수 없다. 크리스트교의 경우는 목사를 선교사로 임명하여 해외에 파견하는 식으로 종교 전파를 위해 노력한다. 반면 이슬람은 선교를 위해 선교사를 파견하는 공식적인 제도가 없다. 성직자 제도가 없는 이유가 누구나 성직자가 될 수 있다는 믿음이듯이 선교사 제도가 없는 이유도 역시 누구나 선교사의 역할을 해야 한다고 믿기 때문이다.

하지만 모스크의 예배 장면을 보면 맨 앞에서 예배를 인도하는 사람을 볼 수 있는데 이들을 '이맘'이라고 부른다. 이맘은 성

• **모스크의 예배 장면**
모스크는 무슬림의 예배소, 예배당이다. 평복을 행하는 장소를 의미한다. 무슬림은 하루 다섯 번 예배의 의무가 있다.

직자와 달리 특별한 자격이 있지 않고, 대체로 신도들 가운데 나이가 많거나 존경받는 사람이 돌아가며 맡는다. 심지어 두 명이 예배를 보더라도 한 사람은 예배를 이끄는 이맘이 되어야 한다. 무슬림은 언제든 이맘이 될 수 있도록 어릴 때부터 예배 절차를 몸에 익히도록 교육받는다.

이슬람에 성직자 제도가 없는 것은 이슬람 교리의 특성을 잘 보여준다. 이슬람에서는 신과 인간은 본질적으로 별개라고 여기며, 신과 인간의 직접적인 관계를 중요하게 여긴다. 절대적 존재와 그 피조물은 어떤 중재자도 필요치 않다. 예언자 무함마드나 이슬람 군주인 칼리프도 권위와 존경의 대상이기는 하지만 신 앞에서는 다 같은 인간일 뿐이다.

이슬람의 교리는 어떤 책으로 배울까?

종교인은 모름지기 고유한 믿음과 실천 방법을 배워야 한다. 하나의 종교를 학교에 비유하자면 이슬람이라는 '학교'는 어떤 책으로 공부할까? 바로 『쿠란』과 『하디스』이다. 놀라운 점은 『쿠란』과 『하디스』의 내용을 일러준 무함마드가 글을 읽고 쓰는 법을 전혀 모르는 문맹이었다는 사실이다!

610년, 동굴에서 명상을 하던 무함마드는 천사를 통해 알라의 계시를 받았다. 이후 23년 동안 전해진 계시가 정리된 것이 바로 이슬람의 경전『쿠란』이다. 이슬람을 존중하지 않는 이들은 무함마드가 신의 계시를 받은 것이 아니라 그가 지어서 꾸민 것이라고 폄하하기도 한다. 하지만 무슬림들은『쿠란』이 천상 세계의 것과 똑같은 복사본이고, 제대로 교육받은 적도 없는 무함마드가 그처럼 아름다운 문체와 완벽한 문법을 쓰는 것은 신의 능력이 아니라면 설명할 수 없다고 생각한다. 천상의 책이 그대로 세상에 온 것이니『쿠란』은 모든 지식의 원천이 되며 모든『성서』와 책들의 어머니가 된다.

무함마드가 신의 계시를 전했던 때에『쿠란』은 책이 아니라 신의 말씀이었다. 계시는 꿈을 통해서, 또는 갑자기 귀에서 무엇인가 속삭이는 소리로 오기도 했고, 천사가 직접 전하기도 했다. 무함마드는 문맹이었기 때문에 계시를 받으면 주변 사람들에게 이를 외우거나 적어달라고 부탁했다. 특히 무함마드는 무슬림이라면『쿠란』을 암기해야 한다고 했다. 그러자 무슬림 중에서 144장이나 되는『쿠란』을 통째로 암기하는 사람들이 등장했는데, 이들을 '하피즈'라고 부른다.

『쿠란』을 암송하는 하피즈는 말 그대로 살아있는 책의 역할을 했으며 다른 무슬림에게 존경의 대상이 되었다. 그런데 제1대 칼리프 아부 바르크 때 일어난 어느 전투에서 70여 명의 하피즈들이 한꺼번에 전사하는 일이 일어났다. 자칫 잘못하면 살아있는 책을 통해 암송으로 전해지는 『쿠란』의 내용이 사라지거나 뒤죽박죽 바뀔 수도 있겠다는 불안감에 칼리프는 서둘러 『쿠란』을 기록으로 남기게 하였다.

그런데 이슬람 개종자가 늘어나고 영토가 넓어지면서 『쿠란』을 잘못 외우거나 쓰는 일이 일어났다. 제3대 칼리프 우스만은 이 문제를 해결하려고 『쿠란』의 정본을 만들고 다른 사본을 모두

• **한국어로 읽을 수 있는 「쿠란」**
『쿠란』은 이슬람교의 경전이다. 아라비아어 『쿠란』을 다른 언어로 번역하면 반드시 '해설서'나 '의미 번역'이라고 붙여주어야 한다.

거두어들였다. 그 뒤 한 글자의 첨삭도 없이 이어졌고. 오늘날 우리가 읽을 수 있는 『쿠란』은 모두 우스만 편찬본이다. 무함마드가 죽은 지 20년 만에 『쿠란』이 완성된 것이다. 여러 시대, 여러 사람들이 800여 년 동안 쓴 것을 모은 크리스트교의 『성경』에 비하면 짧은 기간이라 할 수 있다.

『쿠란』은 신의 계시이며 신자들에게 믿어야 할 것이 무엇인지 말해주고 있지만, 그것을 어떻게 실천해야 하는지 자세하게 일러주지는 않는다. 무함마드는 신의 계시와 구분해 이를 실천하기 위해 무엇을 해야 하는지 알렸는데, 이슬람에서는 이를 『하디스』로 정리했다. 예컨대 『쿠란』에는 신자들이 예배를 해야 한다고 쓰고 있지만, 얼마나 자주 어떤 방법으로 하라는 내용은 없다. 무함마드는 "나를 본받아서 너희는 이렇게 예배하라"라고 말했고 이것이 이슬람의 하루 다섯 번 예배로 정착했다.

『쿠란』이 이슬람의 경전이고 최고의 원천이라면, 『하디스』는 모호한 경전의 내용을 보완하는 책이다. 이슬람을 학교에 비유하자면 『쿠란』은 교과서, 『하디스』는 교과서를 해설해주는 참고서 정도가 된다.

02

이슬람은 다섯 기둥으로 받쳐진다

이슬람은 믿음과 함께 실천을 중요하게 여기는 종교이다. 무슬림이라면 반드시 해야 하는 다섯 가지가 있는데 바로 신앙고백·예배·자선·단식·성지순례이다.

신에 대한 믿음은 믿음 자체로 끝나지 않고 실천과 행동이 뒷받침되어야 하는데, 이슬람은 다섯 가지 실천과 행동으로 신앙심을 유지하고 단련한다. 그래서 이를 이슬람 신앙을 받치는 다섯 기둥이라고 부른다. 이 다섯 가지는 매일매일, 또는 1년 중 어느 때, 평생 어느 때 꼭 해야 할 미션과도 같은 것인데, 이 미션을 하나씩 수행하면서 이슬람에 일체감을 느끼는 삶을 살아가게

신앙고백　예배　자선　단식　성지순례

- **이슬람의 다섯 기둥**
  이슬람은 다섯 가지 실천과 행동으로 신앙심을 유지하고 단련한다. 이를 이슬람의 다섯 기둥이라고 말한다. 이는 무슬림이 꼭 지켜야 하는 의무이다.

된다.

　이슬람의 다섯 기둥은 무슬림이 꼭 지켜야 하는 의무이지만, 수니파와 시아파가 조금씩 다른 내용을 갖고 있다. 수니파는 이슬람법 샤리아에 근거해 다섯 기둥을 말하고 있지만, 시아파는 이슬람을 나무에 비유해 열 개의 가지가 있다고 설명한다. 숫자가 다르기는 하지만 수니파와 시아파의 다섯 기둥과 열 개의 가지는 모두 비슷한 종교 의례와 실천 내용을 보여준다.

매일매일 열일곱 번 신앙 고백하고 다섯 번 예배하기

무슬림이 매일 해야 하는 종교적 실천은 무엇일까? 무슬림은 매일 수십 번 신앙고백을 하고 다섯 번 예배를 드린다.

지구상 17억 무슬림은 평균적으로 매일 열일곱 번씩 '샤하다'라는 신앙고백을 한다. "알라 이외에 신은 없고, 무함마드는 신의 사자이다." 이 신앙고백은 알라가 유일신이라는 것과 무함마드가 신의 마지막 예언자임을 나타내는 것으로 이슬람 신앙의 핵심이라 할 수 있다.

처음 이슬람을 받아들이는 사람은 두 명 이상의 증인 앞에서 샤하다를 암송하면 무슬림으로 인정받고 입교를 허락받는다. 최후 심판의 날에 죄를 판단하는 책으로 심판을 받는데, 신앙 고백

• **사우디아라비아 국기**
  이슬람의 신앙고백인 샤하다 문장을 이용하여 만든 국기이다. 이 문장은 무슬림이 되기 위한 선서문으로도 활용된다.

을 외워 개종하면 이전에 저지른 잘못은 책에서 지워진다. 크리스트교에서처럼 세례 의식을 받지 않아도 진실한 마음으로 신앙 고백하는 것만으로 알라의 은총을 받는다.

신앙 고백과 함께 매일 다섯 번 신에게 예배를 드려야 한다. 『하디스』에 따르면 무슬림은 매일 다섯 번, 즉 일출 예배, 정오 예배, 오후 예배, 일몰 예배, 밤 예배를 드려야 한다. 정해진 예배 시간이 되면 무슬림은 하던 일을 멈추고 예배를 올린다. 예배는 의무이지만 유연하게 운영할 수 있다. 바빠서 낮 동안 예배를 하지 못하면 잠자리에 들기 전에 밤 예배에 한꺼번에 하기도 한다. 여행이나 질병으로 예배를 보기 어려우면 때로는 생략할 수도 있다.

예배하기 전에 먼저 손과 발, 얼굴을 씻어야 하고 몸을 드러내지 않는 옷을 입어야 한다. 예배 장소는 꼭 모스크가 아니어도 되며 깨끗하고 조용한 곳이면 어느 곳이나 괜찮다. 무슬림은 집이나 직장, 야외 또는 비행기 안에서도 예배를 드린다. 예배 시간이 되면 무아진으로 불리는 사람이 모스크의 첨탑에서 기도 시간이 되었다는 소리를 크게 외치는데, 이슬람 국가를 여행하면 때마다 기도를 알리는 소리, 즉 아잔을 들을 수 있다.

예배는 경건한 가운데 알라에게 경의를 표하고 『쿠란』의 구절을 외우고 메카를 향해 절을 드리는 순서로 진행된다. 금요일 정오에는 모스크에 모여 집단으로 예배를 드린다. 무함마드는 메디나에서 시장이 열리던 날인 금요일을 집단 예배일로 정하고 장을 보고 돌아가는 무슬림들이 모스크에 모여 다 같이 예배를 보도록 했다.

어떤 사람들은 바쁘게 일해야 하는 시간에 직장에서 예배를 드리는 무슬림들을 부정적인 시선으로 바라보기도 한다. 하지만 낮 동안 이루어지는 두 번의 예배에 걸리는 시간은 10여 분을 넘지 않는다. 짧지만 매일 반복하는 예배 의식을 통해 무슬림들은 신앙심을 기르고 마음을 가다듬는다.

매년 수입의 40분의 1을 기부하고 한 달간 단식하기

매일매일 신앙고백과 예배를 통해 믿음을 단련시키는 무슬림은 매년 일정한 기부를 통해 다른 이들에게 자선을 베풀어야 한다. 자카트라고 불리는 이 기부 활동은 희사(喜捨; donation)라고 하는데, 해마다 연간 수입의 40분의 1, 즉 2.5퍼센트를 의무적으로 내야 한다. 이슬람은 기부와 자선은 좋은 것이니 많이 하라고 권장하는 데 그치지 않고 종교적 의무로 정하여 반드시 실천하도록 구체적인 자선 비율까지 정해놓고 있다.

희사를 하도록 한 이유는 부자들이 지나치게 부를 독점하는 것을 막고 신자들이 탐욕에 빠지지 않게 하려는 것이다. 『쿠란』은 사유재산은 인정하지만 이는 알라가 잠시 맡긴 것이고 지나치게 재물을 축적하는 것은 나쁘다고 했다. 희사는 자유로운 성인 무슬림이면 누구나 해야 한다. 연간 수입의 40분의 1을 내는 것이니 만약 수입이 없다면 내지 않을 수 있다. 크리스트교의 십일조와 비슷한 개념이라고 볼 수 있다. 이 의무를 수행하면서 무슬림은 탐욕에서 벗어나는 정화의 시간을 가질 수 있고 다른 무슬림을 위해 봉사하면서 공동체 의식을 가질 수도 있다.

『쿠란』에는 자카트를 고아와 가난한 자, 여행자 등을 위해 쓰도록 했다. 말하자면 이슬람은 오래전부터 부를 사회적으로 나누어 약자들을 돕는 복지 제도를 실시하고 있었던 것이다. 중세 이슬람 국가에서는 이를 세금처럼 징수해 모스크를 짓거나 종교 활동비로 사용하기도 했다.

그런데 오늘날에는 이슬람 국가들이 현대적 조세 제도를 운영해 국가가 의무적으로 자카트를 걷는 경우는 거의 없다. 지금은 자발적인 종교 헌금으로 모스크나 자선단체에 납부해 필요한 사람에게 쓰이도록 하고 있다.

자카트와 함께 무슬림은 매년 꼭 지켜야 할 것이 또 하나 있다. 바로 이슬람력의 아홉 번째 달 라마단에 금식을 해야 하며, 해가 뜰 때부터 질 때까지 물 한 모금도 먹어서는 안 된다. 먹고 마시는 것만 금지하는 게 아니라 약 복용이나 흡연, 욕설, 성관계 등도 해서는 안 된다. 무의식 상태에서 금기를 깬 것은 용서받지만, 만약 고의로 이를 지키지 않으면 단식 기간을 연장하거나 사람들에게 식사 대접을 하는 벌을 통해 회개해야 한다. 이슬람의 다른 종교 의무가 그렇듯이 단식 역시 유연성이 있어서 임산부나 노약자, 어린이, 환자 등은 지키지 않아도 된다.

라마단 기간이 되면 아침 해가 뜨기 전에 일어나 간단한 아침 식사를 하고 그다음 하루 일과는 평소와 다름없이 이루어진다. 직장 생활과 집안일 등은 똑같이 이루어진다. 해가 넘어가면 단식이 끝나고 즐거운 저녁 식사를 하면서 음식에 대한 소중함을 나눈다. 한 달간의 단식 기간이 끝나면 '이드'라는 축제가 열려서로 음식을 대접하고 선물을 주고받는다.

종교를 가진 이들은 육체와 정신의 관계에 대한 고민이 깊다. 이들은 단식을 통해 육체에 대한 정신의 통제력을 기를 수 있다고 믿는다. 라마단은 금욕을 통해 자신의 신앙을 훈련하고 다른 무슬림과 형제애를 느끼게 하는 시간이다. 단식하는 과정에서 음식에 대한 소중함을 느끼게 되고, 금욕하려고 노력하면서 자

1월	무하르람	7월	라잡
2월	사파르	8월	샤으반
3월	라비우 알 아우왈	9월	라마단
4월	라비우 알 아키르	10월	샤우왈
5월	주마다 알 울라	11월	두 알 카으다
6월	주마다 알 우크라	12월	누 알 힛자

• **이슬람력 열두 달의 이름**
무함마드 이후 사용되는 이슬람력은 태음력으로 1년이 354일 또는 355일이다. 무함마드가 메카에서 메디나로 옮겨 간 헤지라가 이슬람력의 기원이 되었다.

신을 바로잡는 시간을 갖는다. 그리고 모든 무슬림이 함께 인내하는 낮 시간을 보내고 기쁜 저녁 시간을 함께 하면서 동질감을 느끼며 타인에 대한 배려를 익히게 된다. 간혹 무슬림이 아닌 사람들은 라마단 기간의 금식을 불편하고 안타까운 시선으로 생각하기도 한다. 하지만 무슬림은 라마단을 힘들고 우울하게 보내기보다는 오히려 성스럽고 즐거운 축제로 생각한다. 서구의 크리스마스 축제나 우리의 추석 명절쯤에 해당한다고 할까?

평생에 한 번 메카로 순례하기

매년 이슬람의 성스러운 12월(두 알 힛자)이 되면 200만 명 이상의 무슬림이 아라비아반도 사막 한가운데 있는 메카로 모여 든다. 바로 이슬람의 다섯 기둥 가운데 마지막인 메카 성지순례, '하지'를 위해서이다.

모든 무슬림은 건강과 재산의 여유가 있다면 평생에 한 번 메카 순례를 해야 한다. 지금은 빠르면 2주 정도에 끝낼 수 있지만 예전에는 몇 달 혹은 1년 가까이 걸리는 힘든 여행길이었다. 순례 기간이 되면 순례자는 메카에서 조금 떨어진 미카트에 도착해 몸을 깨끗이 하고 두 장의 흰 천으로 된 '이람'이라는 의복을 입어야 한다. 준비가 되면 카바 성전으로 가서 신을 찬양하는 구절을 암송하면서 카바 성전의 둘레를 일곱 바퀴 돈다. 그 뒤에 아브라함을 기념하는 의식을 치르고 미나 평원으로 가서 천막을 치고 야영을 한다.

다음 날 40도에 이르는 사막 한가운데서 순례자는 메카에서 몇 킬로미터 떨어진 아라파트 대평원을 향해 걷는다. 무슬림들은 아담과 이브가 에덴동산에서 쫓겨난 뒤 아라파트에서 다시 만났다고 여긴다. 이곳은 무함마드가 고별 순례 여행 때 들러 무슬림들에게 마지막 메시지를 전한 곳이기도 하다. 성지 순례의 과정은 무함마드의 고별 순례를 그대로 재현한다. 아라파트에 이르면 그다음 날은 공식적인 순례 과정이 끝나고 이슬람의 축제가 벌어진다. 라마단이 끝나는 날은 소축제, 메카 순례가 끝나

• **천막의 도시, 미나**
  순례자들은 미나 평원에서 천막을 치고 야영을 하는데, 평원을 가득 채운 천막은 미나 평원을 하나의 도
  시처럼 보이게 한다.

는 날은 대축제라고 부르며 무슬림들은 가축을 잡아 예배를 올
리고 이웃과 고기를 나누어 먹는다.

　메카 성지 순례는 단일 행사로는 세계 최대의 종교 집회라고
할 수 있으며, 1,400년이 넘는 시간 동안 이어져온 이슬람만의
의식이다. 순례는 남자와 여자, 흑인과 백인, 부자와 가난한 자,
아라비아인과 비아라비아인 등을 가리지 않고 모든 무슬림이 평
등하게 참가한다. 무슬림들은 다양한 인종으로 이루어진 순례자

들을 보며 신의 권능을 느끼고 이슬람의 형제애를 확인할 수 있다. 메카 순례를 마치고 고향으로 돌아간 무슬림들은 자기 이름에 순례자라는 호칭을 붙여 자랑하기도 한다.

무함마드는 하지를 마치면 천국에 갈 수 있다고 했고, 무슬림들은 하지를 통해 자신의 죄가 용서받는다고 여긴다. 순례 여행은 많은 비용이 들고 육체적으로도 괴롭다. 가끔은 불행이 따라 순례객들이 죽거나 다치는 일이 일어나기도 한다. 그런데도 순례는 무슬림의 의무이고 이슬람 신앙을 떠받치는 중요한 기둥이므로 어떤 무슬림도 순례 의식을 바꾸거나 없애야 한다고 하지 않는다.

지금까지 이슬람의 다섯 기둥을 차례로 살펴봤다. 이슬람은 믿음만큼 실천을 강조하는 종교이다. 매일의 신앙 고백과 예배, 그리고 매년의 희사와 단식을 통해 자신의 신앙을 점검하고 다짐하며 다른 무슬림과 하나라는 공동체 의식을 확인한다. 그리고 평생 한 번 예언자의 순례길을 그대로 재현하여 무슬림으로서 전 생애를 아우르는 목표를 수행한다. 이런 의무가 이슬람을 다른 종교와 구별시켜주며, 무슬림을 하나로 묶어주는 매개체가 된다.

03

무슬림은 돼지고기를 먹을 수 없다

이슬람 고유의 생활방식을 접하면 놀라는 사람들이 많다. 우리 문화의 상식에서 보자면 당연한 일이 이슬람에서는 그렇지 않기도 하다. 우리와 다른 무슬림의 생활에는 어떤 것이 있을까?

이슬람만의 독특한 문화로 가장 널리 알려진 것은 돼지고기를 먹지 않는 식습관이다. 힌두교에서는 소를 신성하게 여겨서 소고기를 먹지 않지만, 이슬람은 돼지고기를 먹지 않을 뿐 돼지를 신성하게 여기는 것은 아니다. 그러면 이슬람은 왜 돼지고기를 금지할까? 어떤 학자들은 돼지고기의 기생충 때문이라고도 하고, 또 어떤 학자들은 아라비아의 기후 때문에 부패하기 쉬워서라고 대답하기도 한다. 하지만 어느 것도 정확하지는 않다. 만약 무슬림에게 왜 돼지고기를 먹지 않느냐고 묻는다면 아마 간단한 대답이 돌아올 것이다. 바로 신이 금지했기 때문이라고.

알라께서 너희에게 부여한 양식 중 좋은 것을 먹되 알라에게 감사하고 그분만을 경배하라. 죽은 고기와 피와 돼지고기를 먹지 말아라. 그러나 어쩔 수 없이 먹은 경우는 죄가 아니라고 했으니 알라는 진실로 관용과 자비가 충만하신 분이니라.

이슬람은 먹을 수 있는 것과 먹을 수 없는 것을 구분하고 있는데, 먹을 수 없는 것은 '하람'에 속한다. 하람은 이슬람에서 금기시하는 것을 이르는 말이다. 하나님의 이름으로 잡지 않은 것, 목졸라 죽이거나 때려잡은 고기, 자연사한 동물의 고기, 우상에 제물로 바쳐졌던 고기 등은 모두 하람에 해당된다. 그래서 고기의 경우에는 무슬림이 신의 이름으로 기도하고 도살한 것만 먹을 수 있다.

이런 금기 사항을 보면 이슬람이 무척이나 까다롭게 식생활을 간섭하는 것 같지만, 그 이외에는 모두 먹을 수 있다. 이렇게 이슬람에서 먹을 수 있는 음식은 '할랄'에 속한다. 할랄은 이슬람에서 허용된 모든 것을 가리키는 말이다. 무슬림들은 아무 고기나 먹지 않고 꼭 할랄 인증 마크가 붙어 있는 고기를 구입해서 먹는다. 다른 문화권과 마찬가지로 채식에 관해서는 어떤 금기 사항도 없다. 바다에 사는 동물 역시 어떤 제한도 없이 마음껏 먹을 수 있다.

돼지고기뿐 아니라 이슬람에서 금하는 것에는 술도 포함된다. 무함마드는 술을 마시거나, 남에게 권하거나, 가지고 다니면, 모두 신의 저주를 받는다고 하였다. 하지만 현재는 이슬람 국가들

©shutterstock

• **할랄 음식을 파는 식품점**
  할랄 음식은 이슬람에서 허용된 음식을 말한다. 무슬림들은 할랄에 속하는 음식을 먹어야만 한다.

마다 상황이 약간씩 다르기는 하다. 사우디아라비아처럼 이슬람 원칙에 충실한 나라는 술을 마시다 적발되면 처벌을 받지만, 인도네시아나 터키 같은 곳은 관광객 등을 위해 술을 판매하기도 한다.

하람과 할랄 음식은 꼭 지켜야 하는 이슬람의 생활법이지만, 이슬람이 항상 그렇듯이 불가피한 상황에서는 유연하게 대처할 수도 있다. 굶주리는 상황에서 또는 누군가에게 속거나 강제로 하람 음식을 먹었다면 기도로 용서받을 수 있다. 이슬람의 하람과 할랄 음식이 우리에게 낯선 문화인 것은 사실이다. 하지만 외부에서 바라보면 이해되지 않고 이상해 보이는 것들도 그 문화 안에서는 당연하게 생각되기 마련이다.

이슬람 은행은 이자가 없다

누군가 은행에 예금을 하면 그 대가로 이자를 받는다. 그런데 이슬람 은행은 이자를 주지 않는다. 왜냐고? 역시 『쿠란』에 금지되어 있기 때문이다. 정확하게 말하면 『쿠란』은 상거래는 권장하지만 고리대금은 금지하고 있다.

『쿠란』이 고리대금을 금지하는 이유는 무엇일까? 이슬람의 기본 가치 가운데 하나가 바로 가난하고 어려운 이들에 대한 자비와 동정이다. 하지만 고리대금은 자신의 금전적 가치를 위해 채무자를 압박하고 고통에 빠뜨리기 때문에 이슬람의 근본 가치를 훼손한다고 생각한다. 그리고 고리대금업을 하는 사람은 다른 사람의 노동에 빌붙어 살기 때문에 게으른 생활을 하게 된다고 여겨 이를 죄로 규정한다.

은행의 이자가 『쿠란』에서 말하는 고리대금과 같은 것인지는 이슬람 안에서도 논란이 있지만, 이자에 대한 부담이 커지면 고리대금이 되기 때문에 근본적으로 이 둘은 같다는 주장이 우세하다. 그러나 이슬람 은행들도 자본의 가치를 인정하는 자본주의 세계 경제 속에 있기 때문에 고민이 깊을 수밖에 없다. 서구식 자본주의 경제 체제 아래에서는 은행에 맡긴 예금에 이자가 발생하는 것이 당연하기 때문이다. 자본주의 경제 질서와 이슬람 경제관 사이의 충돌을 어떻게 조정할 수 있을까?

이슬람 은행은 예금에 대한 고정된 이자는 지급하지 않지만, 예금을 가지고 돈을 투자해 발생하는 이윤에 대해서는 배당금을 지급하고 있다. 언뜻 보면 예금에 대한 수익이기 때문에 이자와 배당금은 같은 듯하나 차이가 있다. 이슬람 은행은 예금자에게 돈을 빌린 차용인이 아니고 대리자로서 예금을 맡아 투자해주는 존재가 된다. 그래서 이익뿐만 아니라 손실도 나누게 된다. 이는

• 이슬람계 은행
이슬람계 은행들은 공동체의 복지를 중요시하는 이슬람 교리에 따라 예금 이자를 지급하지 않는다.

공동체의 복지를 중요하게 생각하는 이슬람의 고유한 경제적 사고라 할 수 있다.

임대료 역시 이슬람 경제의 특징을 보여준다. 고리대금이 금지되는 것처럼 토지나 건물의 임대료를 비싸게 받거나 급격히 올리는 것도 이슬람에서는 부정적으로 본다. 특히 국가에서 소유한 토지와 건물의 임대료는 거의 오르지 않는 경우가 많다. 이는 토지가 개인의 사유물이 아니라 이슬람 사회의 공동의 소유물이라는 생각에 바탕을 두고 있다.

이슬람을 창시한 무함마드도 본래 아라비아사막의 상인이었다. 이슬람은 거래의 자유와 계약의 권리를 보호하고 공정한 경쟁을 강조하며 활발한 상업 활동을 장려하는 종교이다. 그렇지만 공동체의 통합과 약자에 대한 자비를 강조하는 종교적 관점이 경제 활동에 포함되어 있어, 자본의 끝없는 확장을 경계하고 있는 것이다.

희생제를 통해 농촌 경제를 살리다

이슬람력 12월 10일 무슬림의 축제인 희생제(이드 알 아드하)가 시작되면 염소, 낙타, 소, 양을 도살하여 신을 위한 희생 제물로 바친다. 동물을 제물로 바치는 관습은 고대에나 있었을 법한데, 이슬람에서는 현재도 이런 관습이 유지되고 있다. 동물을 제물로 바치는 것은 아브라함이 신을 위해 자신의 가장 소중한 것을 바치려 한 것처럼 무슬림들도 신을 위해 무엇이든 포기할 수 있다는 것을 의미한다.

이슬람은 제물에 쓸 가축을 도축하는 데도 엄격한 도축 규정이 있다. 다른 동물이 보지 않는 곳에서 동물에게 불필요한 고통을 주지 않고 단칼에 베어 죽여야 한다. 제물로 바쳐진 고기는 가

- **이슬람의 희생제**
  이슬람의 2대 제사 중 하나이다. 파키스탄 무슬림들이 희생제에 나누어 먹을 고기를 손질하고 있다.

족끼리 먹기도 하지만 남는 것은 가난한 이웃에게 나누어 준다. 희생제 역시 이슬람이 강조하는 공동체에 대한 헌신과 자선의 정신을 실천하는 하나의 방법인 셈이다.

원칙적으로는 모든 성인 남자 무슬림은 각자 가축을 바치도록 되어 있는데 실제로는 가정마다 한 마리 정도라고 한다. 그래도 수가 어마어마해서 축제 기간에 엄청난 가축이 소비된다. 그런데 도시에 사는 무슬림은 직접 가축을 잡기 어렵기 때문에 대부분 돈을 주고 희생 제물을 구입한다. 이때 이슬람의 농촌 가정은 가축을 처분해 상당한 수입을 얻을 수 있다. 그리고 도축 과정에 참여해 많은 부수입을 얻는다. 희생제는 종교적 의미를 지닌 축제이지만, 그 과정에서 부가 분배되고 농촌 경제에 큰 도움을 준다.

누군가는 희생제를 전근대적 문화라고 폄하하기도 하지만 사실 따지고 보면 동물을 도축하는 일은 서구 사회에서도 벌어지고 있다. 동물 도축은 늘상 이루어지고 있으며 매일 햄버거와 프라이드치킨이 소비된다. 게다가 서구식 도축 시스템은 동물의 고통 따위는 신경 쓰지 않는 경우가 대부분이다. 특별히 이슬람의 희생제에만 동물 복지의 잣대를 들이미는 것은 공평하지 못하다.

04

이슬람 여성들은 어떻게 살아갈까?

어떤 예능 프로그램에 출현했던 연예인이 유학 시절의 에피소드를 통해 화제가 된 적이 있다. 같은 유학생이던 아라비아의 왕족에게 청혼받았는데 청혼 내용을 듣고 깜짝 놀라 거절했다고 한다. "나의 네 번째 아내가 되어줄래?"라는 프러포즈였기 때문이다. 이런 이야기들은 이슬람이 일부다처제를 유지하는 여성 억압적인 사회라는 생각을 갖게 한다. 이슬람은 정말 일부다처제를 가진 후진적인 사회일까?

다음은 이슬람 일부다처제의 근거가 되는 『쿠란』의 구절이다.

만일 너희가 고아를 공정히 대하지 못할 것이 염려된다면 그 어머니와 결혼하라…… 둘, 셋, 또는 넷도 좋다. 하지만 아내를 공평하게 대하지 못할 것 같으면, 아내를 하나만 두어라.

『쿠란』에 이 구절이 등장하게 된 것은 이슬람 공동체 초기의 어떤 전투 때문이다. 625년 한 전투에서 수많은 무슬림 전사자가 발생했다. 많은 여자들이 남편을 잃었고 아이들은 아버지를 잃었다. 당시 척박한 사회 풍토로 인해 남편과 아버지를 잃은 여자와 아이들은 생명을 보장받지 못했다. 그래서 무함마드는 이들을 부양하도록 여러 아내를 두게 한 것이다.

여러 아내를 두는 데는 조건이 뒤따랐는데, 반드시 아내들을 공평하게 대해야 한다는 것이다. 아내들은 같은 집에 살지만 독립된 공간을 마련해주어야 하고 생활비도 똑같아야 하며 상속도 공평하게 이루어져야 한다. 심지어는 애정도 공평하게 나누어주어야지 한쪽만 편애해서는 안 된다. 공평하게 대하지 않으면 아내는 이혼을 요구할 수도 있다.

어느 쪽도 불만 없이 공평하게 아내들을 대하기란 사실 참 어려운 일이다. 그래서 어떤 이슬람 학자들은 『쿠란』의 이 구절이 일부다처제를 '허용'하는 구절이 아니라 오히려 일부일처제를

'권장'하는 내용으로 해석해야 한다고 주장하기도 한다. 오늘날의 관점에서 보면 이슬람의 일부다처제는 가부장적이고 전근대적인 가족제도이지만, 처음 등장할 때는 나름 당시 사회의 문제점을 해결하고자 하는 의도가 있었다. 게다가 현재 이슬람 국가들의 대다수는 일부일처제가 일반적이고 일부다처제는 소수의 경우에 지나지 않는다.

이슬람은 또 자유연애를 못하고 중매를 통한 강제 결혼을 해야만 한다고 알려져 있다. 과연 그럴까? 이슬람에서 가족이 결정한 중매결혼이 많은 것은 사실이지만 이것을 이슬람이라는 종교가 강요하는 것은 아니다. 중매결혼은 이슬람 문화에서만 나타나는 것은 아니며 가족이나 가문의 이해관계를 우선시하는 전근대적 문화의 산물이라고 보는 게 마땅하다. 이슬람의 결혼 문화에서 여성은 자신의 권리를 행사할 수 있다. 남자의 청혼을 거절할 수도 있고, 남자는 신부에게 지참금을 지불해야 하는데 이 돈은 신부만이 가질 수 있는 돈이다.

물론 강제 결혼이 있기도 하지만 그것은 우리뿐 아니라 이슬람 사회에서도 비난받는 일이다. 이슬람 여성은 자신의 이름으로 부동산과 재산을 가질 수 있고, 남편이 부양 의무를 제대로 수행하지 않으면 이혼을 요구할 수도 있다. 그리고 남성과 여성은 모두 부모와 친척의 재산을 상속받을 권리를 가지고 있다. 너무 당연한 이야기라고? 이슬람에서 이렇게 여성의 권리를 인정한 것은 최근이 아니라 1,400여 년 전의 일이다. 이슬람이 등장한 초기부터 여성의 재산 소유권과 가족 내 권리를 인정해준 것이다.

무함마드가 살았던 당시 아라비아반도는 여성들에게는 최악의 지역이었다. 남아를 선호하던 아라비아인들은 여자아이가 태어나면 산 채로 버리기도 했고, 부모는 고작 몇 푼의 돈에 어린 딸들을 팔아버리기도 했다. 무함마드는 이런 관습이 당연시되던 사회에서 여성을 존중하고 여성의 재산권과 이혼권을 인정해주었다. 그 시대의 기준으로 평가하자면 무함마드야말로 진보적인 성평등 의식을 가졌다고 할 수 있다. 오히려 무함마드의 진보적인 여성 의식을 오늘날의 이슬람 사회가 발전적으로 이어받지 못한 일이 유감스럽다.

명예 살인과 여성 할례

파키스탄의 지나트 라피크라는 여자는 사랑하는 남자가 있었지만 가족들의 허락을 받지 못했다. 그러자 지나트는 남자와 몰래 도망가 결혼을 했다. 한 달 뒤 가족에게 허락을 받으려고 다시 돌아온 지나트를 가족들은 침대에 묶어 산 채로 화형시켰다.

그 이유는 무엇일까? 단지 가족을 부끄럽게 했기 때문이다. 이 사건은 616년이 아닌 2016년에 있었던 일이다. 이렇게 여성들이 가족이 정해준 결혼을 거부하거나 가족이 허락하지 않고 남자와 사귀어 가족의 명예를 더럽혔다는 이유로 오빠나 아버지 등에 의해 살해당하는 일을 '명예 살인'이라고 부른다.

여성 문제와 관련해 이슬람 사회의 야만성을 나타낼 때 가장 먼저 얘기되는 것이 바로 명예 살인이다. 파키스탄뿐 아니라 터키, 팔레스타인, 심지어 서유럽의 무슬림들 사이에서도 가끔씩 일어나는 사건이다. 정말 끔찍하고 일어나서는 안 되는 일이 분명하다. 그런데 일부 이슬람 세계에서 명예 살인이 있었다고 해서 이슬람이 명예 살인을 허용한다고 생각해서는 안 된다. 이슬람은 오히려 명예 살인을 반대하고 대부분의 이슬람 국가는 이를 불법으로 규정하고 있다.

이슬람 율법 어디에도 등장하지 않는 명예 살인은 예전 튀르크 족의 풍습에서 왔다고 한다. 인권 의식과 성평등 의식이 확산되는 현대에도 여전히 야만적 풍습이 이어지는 이유는 무엇일까? 이슬람에서 여성 인권이 약화된 것은 유럽의 제국주의 침략 시절부터이다. 유럽의 침략에 맞서 이슬람 근본주의 운동이 일어났고, 『쿠란』을 문자 그대로 해석해야 한다는 입장이 널리 퍼지게 되었다. 『쿠란』은 1,400년 전의 사회 속에서 나왔으니 그것을 지금 그대로 해석하자면 그릇된 경우가 많을 수밖에 없다. 서구의 침략에 맞서 이슬람 전통을 세우려는 노력이 이슬람의 여성을 억압하고, 이슬람의 근본정신에도 맞지 않는 남성 중심주의적인 악습을 정당화한 셈이다.

명예 살인과 더불어 손꼽히는 악습으로 '여성 할례'가 있다. 여성 할례는 어린 소녀들의 성기 일부분을 잘라내는 수술인데, 여성의 성욕을 절제시킨다는 이유로 오늘날에도 30여 개 나라에서 행해지고 있다. 소말리아 같은 나라는 여성의 98퍼센트가 할례 의식으로 고통받고 있다. 여성 할례가 주로 북아프리카 지역에서 자행되고 있어 종종 무슬림의 의식으로 오해를 받는다. 하지만 이는 이슬람이 등장하기 훨씬 전에 고대 북아프리카 부족들의 관습이다. 종교와 관계없이 북아프리카 지역의 무슬림, 크리스트교인, 토속 무속인에게 널리 발견된다.

현재는 아프리카 대부분의 국가에서 할례를 금지하고 있고 이슬람 교단에서도 할례를 금지한다. 2007년에는 할례가 이슬람의 하람으로 선언되기도 했다. 명예 살인처럼 할례도 여성을 억압하는 부당한 악습이지만 이것이 이슬람이라는 종교에서 왔다고 볼 수는 없다.

하늘이 내려준 신성한 검은 돌

무슬림에게 최고의 성지(성스러운 장소)는 메카의 '카바 신전'이다. 카바 신전은 이슬람이 생겨나기 이전에도 아라비아인이 성스럽게 여기던 곳이다. 이슬람에서도 카바 신전을 성스러운 장소로 여겨 카바 신전을 감싸고 있는 대(大) 모스크를 지었다. 이를 아라비아어로는 '마스지드 알 하람'이라고 한다. 그렇다면 카바 신전은 어떻게 아라비아인과 무슬림의 최고 성지가 됐을까?

마스지드 알 하람 가운데에 카바 신전이 있는데, 이를 '키스와'라고 불리는 거대한 검은 장막이 가리고 있다. 키스와는 검은 비단에 『쿠란』의 구절이 금색 실로 새겨져 있다. 순례자들은 카바 신전을 중심으로 시계 방향 반대로 일곱 번을 도는데 세 번은 천천히, 나머지 네 번은 빠르게 돈다. 한 바퀴를 돌 때마다 사람들은 여기에 손을 뻗고 입맞춤을 한다. 만약 사람이 너무 많아 손이 닿지 않으면 막대기로 건드리기도 한다. 무함마드가 카바 신전에 입을 맞추었기 때문에 순례자들도 이를 따라 하려는 것이다. 과연 검은 장막 아래에는 무엇이 있을까?

키스와 아래에는 은으로 만든 틀이 있고, 그 안에는 높이가 1.5미터 정도 되는 돌이 들어 있다. 전설에 따르면 아브라함과 이스마엘이 메카에서 카바 신전을 처음 만들 때 천사 가브리엘이 하늘로부터 이 돌을 가져다주었다고 한다. 처음에는 너무나 희

• **카바 신전**
  마스지드 알 하람 안에 있는 카바 신전이다. 순례자들이 손을 뻗어 카바 신전에 닿으려 하고 있다.

고 빛나는 돌이어서 멀리서도 돌의 빛을 보고 길을 찾아올 정도였다. 그런데 세상 사람들의 나쁜 마음과 죄 때문에 카바의 돌은 빛을 잃고 까맣게 되고 말았다. 이슬람 최고의 성지가 이곳인 까닭은 바로 천사가 가져온 성스러운 돌 이야기와 가장 처음 세상에 온 예언자 아브라함이 세운 신전이라는 이유 때문이다.

이 전설은 진짜일까? 아마도 무슬림들은 사실로 여기겠지만, 우리에게는 그저 흥미로운 옛이야기일 뿐이다. 재미있는 것은 이 카바의 검은 돌이 진짜 운석이라는 사실이다. 천사 가브리엘이 가져왔는지는 모르지만 하늘에서 온 돌은 맞다.

히잡을 쓸 권리, 히잡을 벗을 권리

이슬람 여성의 모습을 머릿속에 그려보자. 아마 여러분은 베일로 얼굴을 가리고 몸이 드러나지 않는 옷을 입은 여성을 떠올릴 것이다. 무슬림 여성은 왜 히잡을 쓰는 것일까?

히잡은 무슬림 여성이 머리에 두르는 베일을 일컫는 말이다. 히잡은 여성을 보는 시선을 차단한다는 뜻을 갖고 있다. 히잡을 쓰는 관습은 이슬람 이전에도 있었지만, 『쿠란』에 다음과 같이 명시되면서 이슬람의 전통으로 자리 잡았다.

"밖으로 나타내는 것 이외에는 유혹하는 어떤 것도 보여서 안 된다. 즉 가슴을 가리는 수건을 써서 남편과 그의 부모, 자기 부모, 자기 자식, 자기 형제, 형제의 자식, 하녀, 어린이 이외의 사람에게는 아름다운 곳을 드러내지 않도록 해야 한다."

이슬람에서는 여성을 남성의 성적 시선에서 보호하기 위해 히잡을 쓰게 한다. 이슬람은 가족 내에서 여성이 갖는 권리에 크게 차별을 두지 않았지만, 그렇다고 해서 남성과 여성을 평등하게 여기지도 않는다. 여성은 보호받아야 하는 존재로 보고, 여성과 남성의 역할과 영역이 다르다고 여겨 차별을 했다.

이슬람 여성의 복장은 히잡으로 상징되지만, 지역에 따라서 천차만별이다. 눈을 제외한 전신을 가리는 니캅도 있고, 온몸을 덮는 부르카를 입기도 한다. 심한 곳은 공공장소에서 장갑까지 끼고 있다. 얼굴만 내어놓는 히잡을 쓰기도 하지만, 튀니지나 터키에서는 히잡을 쓴 여성을 거의 찾아보기 어렵다.

서구의 여성 평등주의 입장에서 보자면 히잡은 여성의 몸을 억압하는 도구이다. 프랑스에서는 무슬림 여학생들이 히잡을 쓰고 등교하는 것을 금지하여 이슬람권과 갈등을 빚기도 했다. 히잡 착용을 종교적 관습이 아니라 보편적 인권의 문제로 판단한 것이다.

그런데 이슬람 사회 안에서 여성의 권리를 찾기 위해 애쓰는 이슬람 여권주의자들은 히잡 착용을 다르게 보고 있다. 이들은 이슬람 사회의 남녀차별이 이슬람에서 비롯한 것이 아니라고 보기 때문에 히잡 착용을 거부하지 않는다. 오히려 이슬람 안에서

해방과 정의를 찾기 위해 노력한다는 점을 보이기 위해 히잡을 벗지 않으려 한다.

이런 점에서 보자면 프랑스의 히잡 착용 금지는 오히려 히잡을 쓸 권리를 빼앗는 것이 아닐까? 서구 사회의 여권 신장과 남성 중심주의의 약화는 그냥 수어진 것이 아니라 여성들의 끝없는 노력과 투쟁으로 이루어진 결과이다.

이슬람 여성들에게 필요한 여권 신장 역시 이들의 노력으로 시작되어야 한다. 외부의 시선으로 규정하고 강요하기보다는 이슬람 여성들의 요구와 목소리에 귀를 기울일 필요가 있다. 이들이 성평등을 향해 노력하는 모습을 응원해야 하지만, 우리의 기준을 무조건 강요할 수는 없지 않을까? 그렇다면 무슬림 여학생이 히잡을 쓰고 등교하는 일을 금지해야 할까, 인정해야 할까?

중세 이슬람의 다마스쿠스 지방에는 푸른색의 물결 무늬를 가진 강철검이 만들어졌다. 다마스쿠스 검은 모양이 아름다울 뿐 아니라 어떤 무기와 겨루어도 이겨낼 만큼 강도가 우수하였다. 무슬림과 싸웠던 유럽인은 다마스쿠스 검의 아름다움과 강함에 매료되어 똑같이 만들어보려고 했으나 번번이 실패하였다. 다마스쿠스 검은 유럽인에게는 마술적인 힘을 가진 이슬람의 무기로 여겨졌고, 유럽인은 18세기 정도에 이르러서야 다마스쿠스 검의 강도를 가진 강철을 만들어낼 수 있었다. 검 만드는 기술 외에도 천문학, 의학 등 여러 과학 기술 분야에서 중세 이슬람은 유럽뿐 아니라 전 세계에서 가장 앞서가는 곳이었다. 고대 그리스 로마의 문화를 계속 간직하고 정리한 것도 바로 이슬람이었다. 이슬람 문화의 가장 찬란한 시기로 지금 여행을 떠나보자.

제4장

이슬람의 문화

01

이슬람 건축물은 하나의 예술품이다

이슬람이 태어난 7세기의 아라비아반도는 번듯한 문화적 자산이 없었다. 척박한 사막에서 삶의 여유를 찾기가 어려웠기 때문이다. 그래서 주변 지역을 정복하고 세력을 팽창해가면서 정복지의 문화를 한껏 받아들였다. 이슬람의 포용 정신에 따라 페르시아와 팔레스타인, 이집트, 이베리아반도를 포함한 각지의 문화는 아라비아 문화와 결합하여 이슬람 문화의 넓이와 깊이를 더해주었다.

이슬람 문화에서 가장 화려하다고 평가받는 것은 건축물이다. 우상숭배라는 논란 때문에 회화와 조각에서 억제된 예술에 대한

- **이슬람 건축의 돔 양식**

  이슬람은 주로 페르시아의 건축 문화를 이어받아 매우 화려한 돔을 만들었다. 반구형의 지붕은 이슬람 건축에 보이는 독특한 건축 양식이다.

- **이슬람 건축의 아치 양식**

  아치는 쐐기 모양으로 만든 부재를 곡선적으로 개구부에 쌓아올린 구조를 말한다. 아치 양식은 이슬람 건축, 로마 건축 등에 많이 사용되었다.

열정이 이슬람 성전인 모스크와 궁전 건축에서 꽃을 피웠다. 유명한 이슬람 건축물로는 에스파냐의 알함브라 궁전, 터키의 톱카프 궁전과 블루모스크, 인도의 타지마할이 손꼽힌다.

이슬람 건축물은 지역과 시대에 따라 양식이 약간씩 다르지만 돔과 아치 형태를 많이 사용한다. 돔은 반구형을 가진 원형 지붕이다. 어떤 사람들은 낙타 등에 싣고 다니던 작은 가죽 텐트의 모양을 본뜬 것이라고 말한다. 이 가죽 텐트에는 신성한 숭배물을 넣어두었기 때문에 돔은 신성함을 나타내는 양식이 된다. 아치는 고대 메소포타미아 문명에서부터 사용하던 양식이다. 이슬람에서는 복도의 천장을 높게 하는 데 아치 양식을 많이 사용했다.

마을의 중심이 된 모스크

무슬림이 사는 마을은 모스크가 생활의 중심지이다. 모스크는 어떻게 이슬람 공동체의 중심이 되었을까?

모스크는 이슬람 사원인데 아라비아어로는 마스지드(엎드리는 곳)라고 한다. 에스파냐인들이 마스지드를 잘못 발음하면서 모스크가 되었다. 본래 모스크는 메디나에 있던 무함마드의 집을 본뜬 예배 장소였다. 처음에는 성전과 휴식처를 갖춘 단순한 공간이었지만, 이슬람 제국이 성장하면서 그 힘을 과시하기 위해 규모가 커지고 구조가 복잡해졌다.

모스크는 무슬림 생활의 중심이고 이슬람 공동체의 핵심 공간이다. 예배를 드리는 공간일 뿐 아니라 지역 주민을 위해 필요한 학교, 병원 등의 시설이 딸려 있는 경우가 많다. 예배 시간마다 모이는 지역 주민들은 예배를 마치면 서로 모여 의견을 나누고 이것이 여론으로 퍼지기도 한다.

모스크는 가난한 이들을 위한 구호소가 되기도 한다. 부유한 사람들은 모스크를 통해 기부금을 내거나 음식을 나누어 주며 복지 혜택을 위한 창구로 삼았다. 도시의 큰 모스크가 아닌 동네의 작은 모스크들은 마을 사람들의 기부금으로 지어졌다. 가난하고 지친 여행자가 해가 지고 머물 곳이 필요하면 가장 먼저 마을의 모스크를 찾는다. 이슬람은 여행자를 손님으로 환대하는 관습이 있다. 모스크에는 여행자를 위한 숙소를 마련해두고 바깥세상의 소식을 듣는 통로로 삼았다.

모스크의 여러 가지 역할 중 가장 중요한 것은 신에 대한 예배이다. 보통은 남성이 앞줄에 서고 가운데는 어린이, 뒤쪽에는 여성이 서서 절하고 기도한다. 금요일 이른 오후의 예배는 꼭 참석해야 한다. 공식적으로 참석해야 하는 예배일이지만 금요일은 휴일이 아닐 수도 있다. 어떤 이슬람 국가는 서구 기준에 맞추어

- **미나레트**

  이슬람 사원 모스크에 딸려있는 부속 건축물이다. 이곳에서 예배 시간을 알려주는 아잔을 외쳤다.

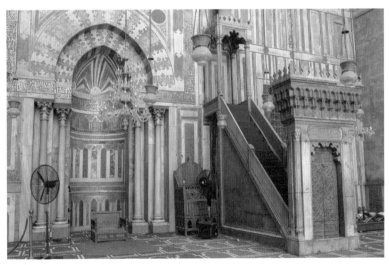

- **민바르와 미흐랍**

  오른쪽이 이맘이 사용하는 설교단 민바르이고, 왼쪽이 메카의 방향을 나타내는 아치형의 미흐랍이다.

토요일과 일요일이 휴일이고 금요일의 예배는 휴식 시간으로 삼기도 한다. 어떤 경우에는 금요일과 일요일이 휴일이고 토요일이 평일인 경우도 있다.

모스크는 반드시 몇 가지 건축 양식을 갖춰야 한다. 모스크에는 미나레트라는 첨탑이 있다. 미나레트 꼭대기에서 무아진이 아잔을 외쳐 하루 다섯 번 예배 시간을 알린다. 이슬람뿐 아니라 다른 문화권에서도 높은 첨탑은 신과 가까이하려는 열망을 나타낸다. 작은 모스크는 한 개의 미나레트가 일반적이지만 규모에 따라서 여섯 개까지 늘어나기도 한다. 모스크의 예배당 안에 들어가면 민바르라는 단상이 마련되어 있는데, 여기에서 이맘이 설교를 하거나 『쿠란』에 대한 강론을 한다. 그리고 미흐랍이라는 아름답게 장식된 벽은 메카의 방향을 알려준다. 무슬림의 예배는 성스러운 메카를 향한 절에서 시작된다.

블루모스크와 알함브라 궁전

모스크 가운데 아름답기로 널리 알려진 것은 터키의 블루모스크이다. 원래 명칭은 술탄 아흐메드 모스크인데 내부를 장식한 아름다운 푸른 타일이 강렬한 인상을 주어 블루모스크라는 이름으로 더 알려져 있다.

• **이스탄불의 블루모스크**
이스탄불은 옛날의 콘스탄티노플이 자리 잡았던 곳으로, 지금도 비잔티움 시대의 성벽이 서쪽 경계를 둘러싸고 있다. 블루모스크의 정식 명칭은 술탄 아흐메드 모스크이다.

블루모스크 건너편에는 6세기에 지어진 성 소피아 성당이 자리 잡고 있다. 블루모스크는 성 소피아 성당을 본따서 비잔티움 양식으로 지어진 17세기 건물이다. 오스만 제국의 제14대 술탄인 아흐메드 1세 때 완성되었다. 커다란 중앙의 돔 지붕은 주위의 작은 돔으로 무게를 분산시켜 천장을 받치는 기둥의 사용을 자제하였다. 덕분에 내부에는 넓은 중앙 홀이 만들어졌다. 모스크 가운데 가장 많은 여섯 개의 미나레트가 모스크 건물 주위에 세워졌다. 여섯 개의 미나레트는 위대한 술탄의 이름이 붙은 이 건축물에 권위를 부여한다.

웅장한 블루모스크의 내부로 들어가면 200개가 넘는 스테인드글라스 창문이 예배자를 반긴다. 빛이 새어드는 스테인드글라스는 내부를 형형색색으로 밝혀주고 있다. 꽃과 나무 무늬로 이루어진 아라베스크 타일이 모스크의 천장과 벽면을 가득 채우고 있다. 터키 최고의 타일 생산지인 이즈닉에서 만들어진 푸른색과 녹색의 타일이 오묘한 색감을 보이는데, 여기에서 블루모스크라는 별명이 생겼다.

성 소피아 성당은 박물관이 되어서 예배를 하지 않지만 블루모스크는 지금도 이스탄불 시민들의 예배 공간으로 사용된다. 관광객들은 예배 시간에는 들어갈 수 없고 머리카락과 몸을 천으로 가려야만 입장할 수 있다.

작곡가 타레가가 만든 「알함브라 궁전의 추억」이라는 기타곡이 있다. 실연에 빠진 작곡가가 아름다운 궁전을 여행하면서 느낀 슬픈 감상을 표현한 음악으로 유명하다. 이름만 들으면 알함브라 궁전은 마치 페르시아나 아라비아의 어딘가 있을 듯하지만 에스파냐의 남부 도시 그라나다에 있는 이슬람 건축물이다.

이베리아반도의 마지막 이슬람 왕조인 나스르 왕조는 그라나다의 일곱 언덕 위에 새로운 수도를 건설했다. 14세기 완성된 알

- **알함브라 궁전의 외부(위)**
  대부분은 14세기 무렵에 완성된 이슬람 양식의 궁전이다.
- **알함브라 궁전의 내부 정원(아래)**
  이슬람식 정원은 식물과 분수를 아름답게 장식하고 복도와 건물이 주위를 감싸는 형태로 되어 있다.

함브라 궁전은 이베리아반도에서 꽃핀 중세 이슬람 문화의 세련미와 화려함을 그대로 보여준다. 1469년 크리스트교 국가인 카스티야의 여왕 이사벨 1세와 아라곤의 왕 페르난도 2세가 결혼

• **사자의 정원**
  알함브라 궁전 안에서 가장 유명한 정원으로 손꼽힌다. 한가운데 자리 잡은 '사자의 샘'에서 정원의 이름이 유래하였다.

하면서 만들어진 에스파냐 왕국은 이슬람 왕조인 나스르를 공격하였고, 1492년 나스르의 왕 보압딜은 왕국과 알함브라 궁전을 포기하고 북아프리카의 모로코로 건너갔다.

무슬림을 헤치지 말아달라는 보압딜의 요청은 끝내 받아들여지지 않았지만, 알함브라 궁전만큼은 그 아름다움으로 인해 파괴되지 않고 보존될 수 있었다. '붉은 성'이라는 아라비아어 뜻그대로 알함브라 궁전은 겉으로 보기에는 특별할 것이 없는 붉은 벽돌의 성채이다. 그런데 안으로 들어가면 특별한 공간이 자리하고 있다. 알함브라 궁전은 여러 개의 아름다운 아라비아 실내 정원을 건물들이 둘러싸고 있는 형태이다. 기둥과 복도로 이루어진 공간이나 아라베스크 무늬로 장식된 벽면은 화려한 이슬람의 건축미를 그대로 보여준다.

나중에 알함브라 궁전은 에스파냐 왕실에서 증축한 건물과 군사 시설이 붙게 되지만, 나스르 왕조 때의 건축물은 기본적으로 이슬람의 정원을 둘러싼 거주 시설로 이루어져 있다.

아라비아인은 더운 사막에서 늘 오아시스를 동경했기 때문에 이를 본떠서 아름다운 정원을 꾸몄다. 알함브라 궁전의 가운데 사자의 정원은 열두 마리의 사자가 둘러싸고 있는 원형의 샘이 분수로 꾸며져 있다. 분수의 주위는 124개의 대리석 기둥이 둘러싸고 있다. 사자의 입에서 흐르는 물줄기는 정원의 구석구석으로 퍼져나가며 천국과 같은 오아시스를 그대로 재현한다.

02

지식은 천국으로 가는 길을 밝혀준다

무함마드는 지식이 천국으로 가는 길을 밝혀주며 때로는 친구와
이웃이 되어준다고 하였다. 무함마드의 말처럼 이슬람 문화는
학문과 연구를 장려하였다. 특히 아바스 제국을 전후한 무렵의
이슬람 세계는 학문에서는 전 세계에서 가장 선진적인 지역이었
다. 당시 이슬람의 학문 발전을 보여주는 대표적 기관이 바로 '지
혜의 집'이다.

우마이야 왕조에 이어 이슬람 제국을 형성한 아바스 왕조는
아라비아의 전통 문화를 기반으로 페르시아와 이집트의 문화를
흡수하였다. 아바스 왕조는 정복한 지역의 문화를 파괴하거나

멸시하지 않고 이슬람 문화에 흡수하고 발전적으로 계승하였다. 칼리프들은 거대한 영토와 화려한 궁전을 짓는 것 못지않게 학문을 장려하고 뛰어난 학자들을 모아 거느리는 것을 최고의 영예로 여겼다. 이런 풍토에서 아바스 왕조의 수도 바그다드는 당대 최고의 학자들이 모인 학문의 중심지가 되었다.

우마이야 왕조 때도 학문을 장려하기는 했지만 대부분은 이슬람 율법이나 의학 분야에 집중되었다. 아바스 왕조는 철학과 자

• **지혜의 집**
아바스 왕조 기간 동안 이라크의 바그다드에 설립된 번역 전문 기관을 말한다. 이곳을 중심으로 아바스 왕조의 학문 발전이 이루어졌다.

연과학 연구를 장려했고 천문학에도 많은 관심을 갖고 있었다. 세 대륙에 걸친 제국의 영토에서 수집한 페르시아와 그리스, 힌두교 책들이 바그다드의 칼리프에게 모여들었다. 칼리프 일 만수르는 수집한 책들을 연구하기 위해 고대 페르시아 왕들처럼 왕립 도서관을 만들고, 학자들에게 연구 공간과 재정 지원을 아끼지 않았다. 이 도서관이 나중에 '지혜의 집'으로 불리게 되었다. '지혜의 집'이 학문의 전당으로 이름을 떨치자 이슬람 세계 전역에서 비슷한 기관이 생겨났다.

'지혜의 집'은 학문을 통해 종교적 영감을 얻고, 지식을 통해 신에게 다가가려는 이슬람 문화의 특징을 고스란히 보여준다. 우리는 고대 그리스의 문화가 바로 1,000년이 넘는 세월을 건너뛰어 유럽 르네상스에 영향을 미쳤다고 알고 있지만, 사실 그 사이에 이슬람이라는 커다란 징검다리가 있었다.

아바스 왕조의 신학자들은 이슬람 여러 종파 사이의 경쟁에서 정통 교파의 교리를 뒷받침하기 위한 논리적 근거를 찾으려 애썼다. 그들은 마침내 고대 그리스 철학자들의 책에서 영감을 얻게 되었고 이를 아라비아어로 번역하였다. 그리스 철학자들의 변증법이 '지혜의 집'에서 정리되었는데, 이는 이슬람 정통 종파의 이론과 종교법을 옹호하는 논리의 근거로 쓰였다. 중세 서유럽이 학문의 암흑기에 빠져 있을 때 이슬람은 고대의 문화유산을 이미 다듬어놓고 있었다.

칼리프의 꿈에 나타난 그리스 철학자

칼리프 알 마문의 꿈에 한 그리스인이 나타났다. 그는 칼리프에게 "누구라도 금에 대해 알려주는 사람이 있으면 그를 금처럼 대접하라"고 알려주었다. 이 그리스인은 자신을 아리스토텔레스라고 소개했다. 꿈에서 깬 알 마문은 즉시 아리스토텔레스를 비롯한 고대 그리스 철학자들의 책을 찾아 아라비아어로 번역하도록 명령을 내렸다.

칼리프 알 마문은 아바스 왕조의 전성기를 이끈 하룬 알 라시드의 아들이다. 하룬 알 라시드가 제국의 힘을 전성기로 이끌었다면 알 마문은 제국의 학문을 전성기로 이끌었다고 평가받는다. 알 마문은 신의 유일성을 주장하던 무타질리파 학자들의 생각에 매력을 느꼈다. 무타질리파는 신의 유일성과 함께 『쿠란』이 신의 말로써 창조되었다는 신학적 주장을 펼쳤다. 알 마문은 무타질리파의 주장을 뒷받침할 논리적 근거를 확보하기 위해 고대 그리스 철학을 번역하고 주석하는 학문 연구를 장려했다. 알 마문 이전부터 왕립 도서관을 중심으로 이슬람 학문 연구가 활발했지만 알 마문 때는 수입·번역·주석 작업이 전례 없이 체계적이고 광범위하게 이뤄졌다. 알 마문의 꿈 이야기는 당시의 학문 발달을 보여주는 상징적인 이야기였던 것이다.

알 마문이 이슬람 학문에 미친 영향은 단지 학문 장려에 그치지 않는다. 더 중요한 것은 바로 신학과 과학의 관계를 새롭게 정립한 일이다. 중세에는 신학과 과학의 관계가 서로 충돌되고 모순되는 점이 많았다. 당시 유럽의 크리스트교 세계는 신학에 너무 치우쳐 있었다. 그들은 천국과 세속 사이에는 커다란 차이가 있어 인간의 이성과 과학으로는 신이 창조한 우주를 이해할 수 없다고 여겼다. 중세 유럽이 학문의 암흑기였던 이유이다.

이와 달리 이슬람은 신학과 과학의 관계를 새롭게 정의했다. 특히 알 마문은 과학적 탐구를 종교적 의무라 선언하며, 과학을 세속적이고 이단적이라고 보는 비판을 배격했다. 신이 창조한 우주를 연구하는 것은 신에 대한 도전이 아니라 신의 섭리를 이해하기 위한 무슬림의 고귀한 의무로 받아들였다. 이로써 이슬람 과학이 중세 신앙 중심의 사회에서 살아남아 뛰어난 성취를 이루게 된 바탕이 마련되었다.

그리스와 로마의 철학은 아라비아어로 번역되고 재해석되었다. 무슬림들이 이슬람 제국을 확대하는 가운데 지리학과 천문학, 기하학이 발전하였다. 무함마드의 여정과 언행을 기록하기 위해 언어학과 역사학 연구가 활발하게 이루어졌다. 중국과 이베리아반도 사이에 위치한 세계의 모든 지식이 중세 이슬람의 도서관에 모여들었고, 아라비아어로 연구되었다. 탈라스 전투 이후 들어온 중국의 제지법으로 손쉽게 지식을 전달할 수 있는 책이 만들어졌다. 바야흐로 이슬람 학문의 전성기가 도래한 것이다.

인도 숫자가 아라비아 숫자가 된 까닭은?

전 세계 인류가 사용하고 있는 아라비아 숫자는 아라비아에서 가장 먼저 쓰기 시작했을까? 이름과는 달리 아라비아 숫자는 본래 인도에서 먼저 사용하였다. 이슬람이 이를 가져와 기호를 단순화시켜 사용한 것이 아라비아 숫자의 기원이다. 이슬람은 고대 인도의 수학을 받아들여 이를 더욱 발전시켰는데, 아라비아 숫자를 가져와서 0과 십진법 개념을 정교화하고 분수를 표현하는 방법까지 고안했다. 십진법의 체계 아래 간단하게 수를 표시할 수 있는 아라비아 숫자는 사람들에게 널리 받아들여졌고, 곧 비잔티움 제국을 거쳐 유럽에 전해졌다. 인도에서 온 것이지만 이슬람으로 말미암아 알려졌기 때문에 유럽인들은 아라비아 숫

- **알 콰리즈미의 출생 1,200주년 기념 우표**
  러시아에서 이슬람 수학자 알 콰리즈미의 출생 1,200주년을 기념해 발행한 우표이다.

자라고 불렀다.

수 대신 문자를 쓰거나 방정식을 사용하는 수학을 대수학이라고 하는데, 대수학(algebra)이라는 용어는 9세기 이슬람 수학자 알 콰리즈미의 책에서 나왔다. 삼각법의 기초를 정립한 알 콰리즈미는 수학자이면서 천문학자, 지리학자이기도 했다. 그는 이차방정식, 사칙연산, 십진법, 0의 개념을 정립하고 연산학의 원리를 정리했다. 연산학을 나타내는 알고리즘도 그의 이름에서 따온 것이다.

아바스 왕조는 철학뿐 아니라 수학에서도 고대 그리스의 연구를 정리하고 발전시켰다. 유클리드, 아르키메데스 같은 유명한 그리스 수학자들의 책 역시 지혜의 집에서 아라비아어로 번역되었다. 이슬람의 수학자들은 그리스 수학자들의 수 개념을 이해하고 그것을 이용해 새로운 문제를 제기하거나 해결하였다.

중세 이슬람에서는 천문학 연구도 활발했다. 천문학은 그들에게 생존을 위한 학문이다. 이슬람이 생겨난 아라비아 지역은 낮동안은 너무 더워 중요한 활동은 밤에 이루어지는 경우가 많았다. 유목민과 상인은 더운 낮을 피해 밤에 주로 움직였는데, 어두운 사막에서 정확한 길을 찾는 일은 쉽지 않았다. 엉뚱한 길로 방향을 잡으면 그다음 날은 사막 한가운데서 아침을 맞아야 했다. 그래서 별과 달을 관측해 정확한 방향을 잡아야 했고 그 과정에서 천문학이 발전했다.

이슬람 종교 의식도 천문학 발전의 계기가 되었다. 요즘처럼 시계와 나침반이 없는 상황에서 다섯 번의 예배 시간을 지키고 메카로 향하는 방향을 파악하려면 계절마다 태양의 움직임도 잘 알아야 했다. 달을 관측해 태음력을 만들었고 라마단의 단식 시간을 측정했다.

해와 달, 별을 관측하기 위해 여러 지역에서 천문대를 만들었다. 이 가운데 훌라구가 세운 마라게 천문대는 20명의 학자가 소

- **이슬람 점성술사**

  항성을 연구하는 이슬람 점성술사의 모습이다. 중세 이슬람에는 천문학이 발달해 천문대에서 체계적인 관측과 학문 연구를 하였다.

속되어 있었고, 각종 관측 장비와 도서관까지 갖추고 체계적으로 천문 연구를 진행했다. 이슬람 천문학자들은 지구가 공 모양이라는 것을 증명했고 경도와 위도, 자오선의 길이까지 계산할 수 있었다. 코페르니쿠스보다 훨씬 이전에 지동설을 주장한 이슬람 학자도 있었다.

천문학과 함께 점성술도 발전했다. 점성술은 천체의 위치가 인간에게도 영향을 준다는 믿음 아래, 그것이 인간의 길흉화복에 어떻게 작용하는지 연구하는 일종의 정신과학이었다.

연금술과 의학

칼리프 알 마문의 꿈에서 아리스토텔레스는 연금술을 중시하라고 계시하였다. 아리스토텔레스의 꿈이 아니더라도 중세 이슬람에서 가장 인기가 높았던 학문이 바로 연금술이었다. 고대 그리스 사람들은 모든 물체가 네 가지 원소(물·불·공기·흙)로 구성되어 있다고 보았다. 이 4원소설에 따라 하나의 금속은 구성하고 있는 원소들의 결합을 바꿈으로써 다른 금속으로 변형시키는 것이 가능하다고 믿었다. 이런 믿음에서 납이나 구리 같은 값싼 금속을 금으로 바꾸는 방법을 찾는 연금술이 유행하였다.

사람들은 연금술로 인간의 불로장생을 가능하게 해주는 물질을 만들 수 있다고 믿었다. 그래서 연금술은 엄밀한 의미에서 과학이라고 하기는 어려웠고 주술이나 마법에 가까웠다. 현대 과학의 발전 덕분에 오늘날 우리는 연금술이 불가능하다는 것을 알지만 중세 사람들은 그렇지 못했다. 무슬림들은 연금술의 방법을 찾기 위해 온갖 실험을 해나갔다. 그 과정에서 화학, 물리

• **인체 뼈 구조도**
중세 이슬람의 철학자이자 의사인 이븐 시나의 『의한전범』에 오늘날의 의학 상식과 거의 비슷한 인체의 뼈 구조도가 실려 있다.

학, 의학이 발달했다. 또한 유리 제조법이 발견되었고 도금 방법이 알려졌으며 알코올 증류법도 개발되었다. 알코올이라는 이름도 다른 많은 과학 용어가 그렇듯이 아라비아어에서 유래되었다.

중세 세계에서 의학이 가장 발전한 곳도 이슬람이었다. 연금술의 발전 덕분에 많은 약의 효능을 발견할 수 있었다. 그래서 이슬람의 유명한 의사들은 의사일 뿐 아니라 동시에 과학자였다. 알 라지는 천연두를 발견하고 치료했으며 의학에 관한 20권 분량의 『백과사전』을 남겼다. 그는 유기 화합물과 비유기 화합물로 물질을 분류한 최초의 학자였다. 알 라지와 함께 이슬람 의학을 대표하는 사람이 이븐 시나이다. 그가 쓴 『의학정전』은 그때까지 알려져 있던 모든 약을 체계적으로 분류했는데, 이것은 라틴어로 번역되어 500년 이상 유럽 의과 대학의 교과서로 사용되었다. 중세 이슬람의 의사들은 정확한 인체 해부도와 외과 수술도 가능할 만큼 높은 의학 기술을 갖고 있었다.

중세 이슬람의 과학자들은 광학에도 큰 성과를 남겼다. 고대 그리스 철학은 인간이 눈과 같은 감각기관을 통해 어떻게 자연 세계를 알게 되는지 궁금해했다. 이슬람은 고대 그리스 철학의 문제의식을 이어받아 그들만의 실험과 검증 방법을 통해 빛의 성질들을 파악했다. 의사였던 이븐 시나는 빛의 속도가 일정하다는 사실을 처음 알아냈다. 이븐 알 하이삼은 빗방울과 유리 공을 이용한 실험을 통해 무지개의 활 모양이 태양빛의 굴절에 의해 생겨난다는 사실도 발견했다.

동시대 가장 앞서가던 중세 이슬람의 과학은 14세기 이후에는 발전을 이어가지 못했다. 몽골 침략과 십자군 전쟁 등으로 불안정한 정치 상황이 이어졌고, 칼리프들은 예전처럼 학문 장려에 큰돈을 쓰지 않았다. 이베리아반도를 재정복한 에스파냐는 이슬람 책들을 불태우고 대학교의 문을 닫아버렸다. 정치 안정이 뒷받침되었다면 아마 서양보다 이슬람에서 과학혁명이 먼저 일어났을지도 모른다.

- **이슬람 과학자들**

알 콰리즈미 (780~850)	수학자이자 천문학자, 지리학자이다. '대수(algebra)'라는 용어를 처음 사용했다. 그의 이름에서 알고리즘이라는 단어가 유래했다.
알 라지 (865~925)	의학자로 천연두를 최초로 발견하고 치료했다. 그리스와 아라비아의 의학을 총정리한 스무 권 분량의 『백과사전』을 남겼다.
이븐 알 하이삼 (965~1039)	천문학자이자 수학자, 물리학자이다. 눈의 구조, 빛의 반사, 굴절, 무지개 등에 관한 이론을 정립했다. 『광학의 서』 일곱 권을 집필했다.
이븐 시나 (980~1037)	'학문의 왕'으로 불리는 철학자이자 의사이다. 의학의 모든 것을 다룬 교과서인 『의학전범』을 썼으며, 빛의 속도가 일정하다는 것을 밝히기도 했다.

03

이슬람 예술은 신을 위한 찬양이다

우리는 이미 어린 시절 동화로 이슬람 문학을 접했다. 바로 「신밧드의 모험」 「알리바바와 40인의 도적」 「알라딘과 요술램프」 같은 이야기들이다. 이 이야기들은 『아라비안나이트』라고도 알려진 『천일야화』에 수록되어 있다.

『천일야화』는 다음 이야기로 시작한다. 어느 날 사산 왕조의 샤흐라야르왕은 동생으로부터 왕비가 노예와 불륜을 저질렀다는 사실을 듣게 되었다. 충격에 빠져 숲을 헤매던 왕은 마신을 만나게 되는데, 그 마신이 가두어둔 여자도 다른 남자들을 만난다는 사실을 알고 세상 모든 여자에 대한 증오를 갖게 되었다. 다시 돌아와 왕비와 노예를 죽인 샤흐라야르 왕은 매일 밤 처녀들을 불러들이고 그다음 날 아침에 죽이는 일을 몇 년간 반복한다. 마지막으로 불려간 대신의 딸 셰에라자드는 진기한 이야기와 전설을 많이 알고 있었는데, 왕에게 매일 자신의 이야기들을 전해주었다. 셰에라자드의 이야기가 궁금했던 왕은 그녀를 살려두었고 1,001일 밤이 흘렀다. 그 사이에 여자에 대한 분노가 풀어진 왕은 셰에라자드와 정식으로 결혼하게 된다.

『천일야화』는 셰에라자드가 들려주었던 180여 개 이야기까지 포함하고 있다. 『천일야화』의 내용은 인도에서 건너온 이야기들이 많은데 여기에 페르시아와 시리아의 설화가 더해졌다. 다양한 지역의 문화를 존중하고 포용한 아바스 제국의 문화적 특징을 고스란히 보여주는 것이다. 여러 지역의 설화들은 아바스 왕조 시대에 아라비아의 이야기로 고치고 다듬어졌고, 바그다드와 카이로를 중심으로 이야기가 계속 덧붙여졌다. 15세기 무렵에 현재 우리가 아는 형태로 작품이 완성되었다.

『천일야화』는 중세 이슬람 문학의 으뜸으로 꼽히는데 그런 수식이 없더라도 누구나 재미있게 읽을 수 있는 모험, 사랑, 낭만이 가득한 이야기이다. 18세기에 프랑스어로 번역되어 유럽에 널리 읽히면서 유럽의 낭만주의에 많은 영향을 주었다.

아바스 왕조 때는 『천일야화』 같은 설화와 소설이 널리 유행했는데, 이렇게 이슬람 문학이 발달한 것은 『쿠란』의 편찬에서 시작한다. 이슬람 이전 자힐리야 시대에 아라비아 지역의 문학은 입으로 전해지는 시가 거의 전부였다. 그런데 『쿠란』은 훈계와 경고, 약속, 설화의 이야기를 담아 세련된 문장으로 구성했다. 무슬림들은 『쿠란』을 읽기 위해 아라비아어를 공부했고, 많은 이에게 아라비아어로 책을 쓰도록 영감을 불어넣어줬다. 그래서 이슬람 문학은 『쿠란』에서 시작됐다고 할 수 있다.

『쿠란』에서 시작된 이슬람 문학은 아바스 왕조 때 제지술이 발전하면서 다양한 책으로 만들어져 팔려나갔다. 게다가 무슬림들은 아라비아어를 읽고 쓸 수 있었기 때문에 문학 작품을 소비하는 사람들도 많았다. 수요가 있었기 때문에 세속적으로 인기를 얻는 직업 작가들이 등장하여 아바스 왕조 시대에는 다양한 문학 작품이 탄생하였다. 이후 몽골 침략과 이슬람 세계의 분열로 아라비아어에 바탕을 둔 이슬람 문학은 쇠퇴하였다. 오스만 제국 시대에 아라비아어가 터키어에 밀리고 문화의 중심지가 이스탄불로 옮겨지면서 아라비아어 중심의 이슬람 문학은 다원화되었다.

신의 섭리와 함께하는 아라베스크 무늬

이슬람은 종교가 생활 전체를 지배하는데 예술 역시 종교 교리에 영향을 받는다. 이슬람 예술은 사람과 동물을 그릴 때, 실물과 너무 비슷하게 그리지 않는다. 사람이나 동물을 나타낸 작품이 우상숭배의 대상이 될 수 있다고 생각하기 때문이다. 무함마드에 대한 묘사도 우상숭배의 위험 때문에 자세하게 그리지 않는다. 그래서 이슬람은 다른 문화권에서처럼 회화나 조각품을 만드는 예술 활동이 활발하지 못했다. 이런 상황에서도 신에 대한 숭배를 나타내고 미(美)에 대한 열정을 표현하려던 무슬림들은 회화나 조각이 아닌 다른 대안을 찾았다. 그래서 등장한 예술 양식이 바로 아라베스크 무늬이다.

유명한 모스크를 방문해보면 건물 전체가 독특한 무늬와 아라비아어 글씨로 꾸며진 타일로 덮여 있는 것을 볼 수 있다. 꽃과 나무 무늬와 『쿠란』의 구절을 솜씨 있게 배치한 이 예술 양식을 아라베스크라고 부른다. 아라베스크는 반복과 대칭으로 장식되는데 무늬들이 우아한 곡선으로 이어져 시작과 끝이 없는 모양이 신의 섭리를 나타낸다고 여겼다. 꽃과 나무는 천국을 상징하고 『쿠란』의 구절은 신의 메시지를 나타낸다.

아라베스크 무늬는 건축물 장식뿐 아니라 카펫, 금속 세공, 유

• **모스크의 아라베스크 무늬**
건물 위쪽은 아라비아어 구절로 꾸몄고 아래쪽은 식물 무늬를 반복해 꾸몄다.

리, 도자기 등의 공예품에도 사용되었다. 우리가 잘 아는 페르시
아 양탄자는 대부분 아라베스크 무늬로 꾸며져 있다. 아라베스
크 무늬의 화려함은 다른 문화권에도 영향을 주었는데, 당나라
를 통해 우리나라에도 당초문으로 알려졌다. 유럽에서는 아라비
아의 영향을 받은 예술 양식을 통틀어 아라베스크라고 부르기도
했고, 화려한 리듬으로 악곡을 전개하는 음악도 아라베스크 양
식이라 불렀다. 발레에도 아라베스크라는 이름의 자세가 있다.

● **캘리그라피와 세밀화**
『쿠란』의 구절을 모스크의 모양으로 꾸며 썼다.

아라베스크와 함께 이슬람 예술에서 크게 발전한 것은 캘리그
라피이다. 시각적이고 예술적으로 아라비아어 글씨를 쓰는 것인
데『쿠란』의 구절을 다양한 서체로 꾸미는 활동이 활발하였다.

이슬람은 회화가 크게 발달하지 않았지만 세밀화는 특별히 많
이 그려졌다. 우상숭배 금지의 교리 때문에 공개된 장소에 전시
되는 회화 작품이나 벽화로 만들어지지는 않았고, 주로 캘리그
라피와 함께 책의 삽화로 쓰이는 경우가 많았다.

신을 찬양하는 이슬람 음악

모스크의 첨탑(미나레트)에서 예배 시간을 알리는 아잔은 아라비아어를 모르는 사람들에게는 이국적인 노랫소리로 들린다. 기도를 하라는 무아진의 외침이 아름다운 멜로디로 전달되기 때문이다. 이슬람의 음악은 아잔 소리처럼 종교와 떼어놓고 생각하기 힘들다. 이슬람 이전 아라비아의 음악은 구전을 통해 전해지던 민속 음악이었는데, 멋진 가사의 시에 리듬을 붙여 부르는 형태였다. 이슬람 출현 이후 아라비아 민속 음악에 그리스와 페르시아 지방의 음악 형식이 융합된 이슬람 음악이 발전했다.

그런데 이슬람 초기부터 음악에 대한 논란이 많았다. 어떤 이슬람 종교 지도자들은 음악 자체를 허용하지 말아야 한다고 주장하기도 했다. 음악이 주로 춤과 술이 있는 자리에 함께 하기 때문이다. 이슬람이 금기시하는 쾌락과 문란한 생활을 부추길 수도 있다는 염려인 것이다. 그래서 이슬람에서는 어떤 음악만을 허용해야 하는가에 대한 논쟁이 오늘날까지도 계속된다.

이런 논쟁 속에서 이슬람의 음악은 주로 세 가지 역할로 활용했다. 첫째는 『쿠란』의 낭송이다. 본래 『쿠란』의 내용은 문자로 기록되기 이전 하피즈라는 암송자들에 의해서 전해졌다. 아라비아 전통 음악에서 시를 낭송하듯이 『쿠란』의 구절을 노래하는 것

• **메블레비 교단의 춤**
메블레비 교단은 음악과 춤을 통해 신과 영혼이 통할 수 있다고 믿는다.

이다. 성스러운 경전을 신도들이 잘 이해하고 감동받을 수 있도
록 리듬을 넣어 구성했다. 다만 악기를 사용하는 것은 금지됐다.

둘째는 기도 시간을 알리는 아잔이다. 아잔은 무함마드가 정
했다고 하는데, 기도 외침은 일곱 줄의 가사로 이루어져 있지만
리듬과 멜로디는 지방마다 달랐다. 예전에는 첨탑 꼭대기에서
무아진이 직접 낭랑하고 풍성한 목소리로 아잔을 외쳤지만 지금
은 대부분 확성기를 이용한다.

셋째로 축제에도 음악을 사용하였다. 라마단 기간이나 예언자
의 탄신일에 무함마드를 찬양하는 노래를 부른다. 각 지역마다

제4장 이슬람의 문화

성자들이나 순교자들을 찬양하는 노래를 지어 부르기도 한다.

　이슬람 문화에서 누구보다 종교에 음악을 적극적으로 이용한 사람들은 신비주의자들이다. 이들은 수피즘이라고 하는데 음악을 들으며 춤을 추는 의식을 중요하게 여겼다. 이 의식을 통해 그들은 무아지경의 경지에 이르고 신과 합일을 이룰 수 있다고 믿었다. 13세기 신비주의자인 잘랄 앗 딘 루미가 창시한 메블레비 교단은 의식을 고양시키는 음악을 배경으로 흰 옷의 구도자들이 오랜 시간 회전을 반복하는 춤으로 유명하다.

이슬람 문화가 세계를 바꾸다

다음의 공통점은 무엇일까? 대수학, 천문대, 십진법, 외과 수술, 천연두 치료, 대학. 이는 이슬람에서 시작하거나 발견한 것들이다. 서구 중심의 세계관에 익숙한 우리의 고정관념과 달리 이슬람은 세계 문화에 많은 유산을 남겼다. 만약 이슬람 문화가 없었다면 어떠했을지 상상해보자.

이슬람 문화가 없었다면 고대 그리스의 학문에 대해 우리가 아는 바가 훨씬 적었을 것이다. 이슬람 제국은 고대의 옛 문서를 수집해 이를 아라비아어로 번역하였다. 고대 문서의 수집과 번역을 통해 당시 구할 수 있는 모든 지식은 아라비아어로 정리해 '지혜의 집'에 보관했고, 연구자들은 이를 자유롭게 살펴보고 연구할 수 있었다. 아라비아어를 통해 고대 그리스의 플라톤, 소크라테스, 아리스토텔레스의 책을 읽을 수 있었고, 유럽인은 아라비아어로 된 고대 철학자들의 책을 다시 라틴어로 옮겨 가져갔다.

고대 그리스의 지식과 학문이 중요한 이유는 중세를 끝내고 근대의 시작이 되는 르네상스의 배경이 되기 때문이다. 르네상스는 14~16세기 유럽에서 일어난 문화 운동으로 고대 그리스와 로마의 지식과 학문을 부활시키려는 움직임이었다. 르네상스는 신 중심으로 사고하는 중세 유럽의 세계관에서 벗어나 인간 중심으로 사고하려는 인문주의 운동이기도 했다. 인간의 이성과 감정을 중시하는 인문주의는 근대적인 사고의 출발점이 되었다.

그런데 서구 중심주의자들은 고대 그리스와 로마의 문화가 근대 유럽에서 갑자기 부활했다고 생각한다. 하지만 이슬람에서 고대 그리스 학자들의 책을 수집하고 번역하여 정리해두지 않았다면 유럽인이 어떻게 이 책들을 구할 수 있었을까? 유럽에서 일어난 고대 그리스와 로마 문화의 부활은 이슬람 학문에 많은 빛을 지고 있다.

이슬람 문화가 없었다면 유럽의 과학혁명도 훨씬 늦었을 것이다. 고대 그리스 학문을 정리하고 연구한 이슬람 학자들은 다양한 지식을 종합하는 과정에서 가설을 세우고 이를 검증하는 과학적인 연구 방법을 만들어냈다.

요즘은 영어가 국제 공용어의 노릇을 하고 있지만 중세에는 아라비아어가 그 역할을 했다. 크리스트교인이라 하더라도 선진학문을 배우려면 라틴어뿐 아니라 아라비아어도 잘 알아야 했다. 무슬림의 지식은 이베리아반도의 이슬람 대학을 통해 유럽의 다른 지역으로 퍼져나갔다.

중세 이슬람에서는 여러 과학 분야가 발전했다. 대수학·천문학·의학·지도학·광학 등이 새롭게 학문으로 정립되었으며, 연금술에서 화학의 기초가 다듬어졌다. 의학의 경우에 눈의 정확한 「해부도」까지 있었고, 두개골을 봉합하는 외과 수술까지 할 정도였다. 중세 유럽의 의사들은 이슬람의 의학서를 교과서로 삼아 공부했다. 코페르니쿠스는 이슬람 천문대에서 아라비아의 「천문도」를 보고 하늘을 관측할 수 있었다.

이슬람 과학은 이후 15~17세기 유럽의 과학혁명에 큰 영향을 미쳤다. 이슬람은 과학 지식에 대한 전달로 과학혁명을 자극했을 뿐만 아니라 실험의 설계와 증명이라는 과학적 사고방식 자체를 유산으로 남겨주었다.

바닷길을 열어준 이슬람의 항해술

1498년 포르투갈의 바스쿠 다가마가 아프리카 남단을 돌아 인도로 가는 새 항로를 개척하였다. 1492년 콜럼버스의 아메리카 대륙 발견과 함께 유럽의 신항로 개척을 알리는 이 사건에는 알려지지 않은 사실이 하나 있다. 바스쿠 다가마의 항해사는 유럽인이 아니라 아라비아인이었다. 바스쿠 다가마는 아프리카에서 인도로 가는 바닷길을 안내해줄 사람을 구했는데 그가 바로 아라비아인 아흐마드 이븐 마지드였다.

이 일은 유럽의 신항로 개척에 이슬람의 항해술이 미친 영향을 상징적으로 보여준다. 유럽이 신항로 개척에 나서기 이전부

* **아스트롤라베**
  태양의 지평선이나 별의 위치를 통해서 고도와 방위를 알려주는 천체 관측 기구이다.

터 이미 무슬림은 아라비아반도와 인도, 동남아시아, 중국 남부를 오가는 바닷길을 열어놓았다. 먼 땅의 이국적인 물품을 들여와 돈을 벌려는 이슬람 상인은 각지를 연결하는 교통망을 완성시켰다. 이슬람의 학문 발달도 이를 돕고 있었다. 위도와 경도 계산을 통해 만들어진 무슬림의 지도는 오늘날과 꽤 비슷한 정도로 만들어져 항해를 도왔다.

무슬림은 튼튼한 배를 만들 수도 있었다. 뛰어난 천문학 지식으로 어두운 밤에도 정확한 항로를 계산하였다. 게다가 11세기 후반에는 중국에서 자석 바늘을 이용하는 작은 기계가 전해졌다. 이 신기한 기계 장치는 어디서나 동서남북 방향을 알려주었다. 무슬림은 이 기계 장치를 개량해 더 정확하게 만들어 사용했는데 이 장치가 바로 나침반이다.

비교적 정확한 지도와 나침반, 튼튼한 배를 가지고 바닷길을 누비던 무슬림은 그들이 방문하고 거래한 도시와 나라에 대한 경험담을 꼼꼼한 기록으로 남기기도 했다. 14세기 모로코의 여행가 이븐 바투타는 북아프리카에서 동남아시아, 중국에 이르는 지역을 여행하면서 사실상 최초라고 부를 만한 『세계 여행기』를 남겼다.

유행은 오스만 제국으로부터 시작된다

오스만 제국은 지중해의 동서 교역로를 장악하고 유럽과 중국을 두고 세계 교역을 주도했다. 오스만 제국은 이슬람과 아라비아의 문화뿐 아니라 중앙아시아 튀르크인의 문화, 페르시아와 아프리카의 문화까지 다양한 문화가 융합되어 있었다. 유럽인은 오스만 제국의 문화를 신비한 동양 문화로 받아들였다. 오스만 제국의 예술 양식과 옷차림이 유럽에 유행했고 유럽에서는 볼 수 없는 진귀한 상품들은 선망의 대상이 됐다.

유럽 사람들이 특히 귀하게 여긴 것은 중동을 거쳐서 들어오는 향료였다. 신항로 개척 이전까지 인도와 동남아시아 등에서 생산된 향료는 오스만 제국의 동부 지중해를 거쳐 유럽으로 전해졌다. 16세기에 홍해를 통해 오스만 제국으로 들어온 향료는 2만~4만 톤에 이를 정도였다. 후추, 강황, 샤프란 등 향료는 음식이 상하는 것을 막고 다양한 맛을 내기 위해 꼭 필요했는데 같은 무게의 금보다 비싸게 거래되었다.

세속적인 즐거움을 추구하기 시작하던 유럽의 상류층들은 이슬람 세계의 제품들을 사치품으로 사용하였다. 우선 이슬람의 건축 양식에 사용되던 아라베스크 무늬가 들어와 15세기까지 유럽의 건축 양식에 영향을 주었다. 이베리아반도에서는 이슬람

• **무데하르 양식의 건축물**
　무데하르 양식은 주로 이베리아반도 지역에서 유행했던 건축 양식으로 이슬람 문화의 영향을 받았다.

건축의 아치와 둥근 천장을 본뜬 무데하르 양식이 유행했다.

　중동의 비단도 유럽에서 큰 인기를 얻었다. 오스만 제국은 부르사, 이스탄불, 다마스쿠스를 중심으로 비단을 대량으로 생산해 유럽 왕실에 수출했다. 유럽 왕실은 이 비단으로 예복을 만들어 입었고 이 역시 최고의 권위와 부를 상징하는 옷이 되었다. 학자들은 아라비아의 옷차림으로 품위를 나타내기도 했다. 이 과정에서 이슬람 지역의 옷감이 수입되었는데, 옷감에는 모슬린, 다마스크 등 옷감을 수입한 중동 지역의 이름이 붙었다. 유럽인은 오스만 제국에서 들어오는 상품을 통해 중동과 그 너머의 세계에 대한 호기심과 욕망을 품게 되었고, 이것은 유럽인이 신항로 개척에 나서는 계기로 작용했다.

중세의 스타벅스,
'이슬람의 커피하우스'

미국 시애틀에서 작은 커피숍으로 시작한 스타벅스는 이제 전 세계에 커피 매장을 갖고 있을 정도로 세계적인 기업이 되었다. 스타벅스가 현대 커피 문화를 대표한다면, 중세 커피 문화의 대표는 어디일까? 바로 이슬람의 커피하우스이다.

커피와 이슬람은 서로 관련이 없어 보이지만, 사실 커피의 어원이 아라비아어일 정도로 밀접한 관련이 있다. 커피 브랜드명으로 알려져 있는 '모카'도 커피 수출로 유명한 아라비아반도 남부의 항구 이름이다. 커피를 처음 마시기 시작한 곳이 바로 아라비아 남부 모카 지방이었다.

모카는 커피의 원산지인 에티오피아와 지리적으로도 가깝다. 15세기 무렵에 에티오피아를 여행하던 한 무슬림이 병으로 쓰러지자 에티오피아 원주민이 커피를 먹여 치료했다. 그 후 커피가 아라비아반도 남부 예멘 지방에 널리 알려졌다. 당시 예멘 지방에는 이슬람 신비주의인 수피즘이 유행했는데, 이들은 명상과 기도를 통해 신과 일체감을 느끼려고 했다. 그러던 중에 잠이 오는 걸 막고 기운을 북돋우기 위해 커피를 즐겨 마셨다.

1511년 메카에서 성지 순례자들에게 커피를 팔았다는 기록도 있다. 고향에 돌아간 순례자들에 의해 팔레스타인, 이란, 터키, 이집트로 커피가 널리 확산됐다. 무슬림은 커피의 각성 효과가 건강에 좋다고 여겼다. 게다가 이슬람의 교리 때문에 술이 금지되어 이를 대신하는 음료로 커피가 유행했다. 이슬람 각지에 커피하우스가 생겨나 무슬림 사교 활동의 중심지가 됐다.

유럽인은 오스만 제국을 통해 커피를 접했다. 처음에는 커피하우스의 풍경을 보고 무슬림들이 '잉크처럼 검은 물'을 마시며 게으름을 피운다고 여겼다. 그러나 오스만 제국이 빈 공격에 실패한 이후 오스트리아 사람이 아르메니아인에게 커피를 팔 수 있는 특권을 주면서 최초의 유럽 커피하우스가 문을 열었다. 유명한 비엔나(빈) 커피가 이때 시작되었는데 그래서 비엔나(빈) 커피는 터키의 커피와 맛이 비슷하다고 한다. 이후 커피는 전 유럽에 퍼졌고, 유럽의 새로운 음료 문화로 자리 잡았다.

유럽에서 커피가 크게 유행하자 커피 원두에 대한 수요가 늘

- **아라비아식 커피**
  커피 원두를 빻아서 물에 두세 번 끓여 걸러내어 마시는 커피이다.

어나면서 무역 적자가 커지는 지경에 이르렀다. 독일이나 영국
의 절대군주들은 커피를 금지하는 명령을 내리기도 했다. 오스
만 제국은 커피 무역을 장악하고 이를 유럽에 비싼 값에 팔아넘
겼다. 향신료, 차와 함께 커피를 값싸게 얻으려는 유럽인은 인도
네시아와 남아메리카에 진출하여 대규모 커피 농장을 만들었다.
유럽 열강이 식민지의 값싼 노동력을 동원해 대규모로 커피를
재배하면서 가격이 낮아지자 커피 소비는 대중화되고 오늘날처
럼 커피의 세계화가 일어난 것이다.

나만의 이슬람 도시 여행을 계획해보자

이슬람의 유적을 간직한 많은 도시들이 있지만, 가장 널리 알려져 있는 곳은 터키의 이스탄불이다. 본래 비잔티움 제국의 수도였으나, 오스만 제국의 메흐메드 2세가 이곳을 정복하고 그 이름을 이스탄불로 바꿨다. 이후 오스만 제국의 수도였다가 지금은 터키 공화국의 최대 도시이다.

이스탄불이라는 이름은 어디에서 왔을까? 이스탄불의 옛 이름인 콘스탄티노플은 '콘스탄티누스 황제의 도시'라는 뜻이다. 그런데 이스탄불은 아라비아어로 말하면 '도시'라는 뜻에 가깝다고 한다. 도시의 이름이 '도시'라는 것은 좀 이상하기도 하다. 우리는 가끔 어떤 물건 중에서 가장 유명한 상표 이름을 가지고 그 물건을 나타내는 경우가 있다. 예를 들면 상처날 때 바르는 밴드를 보통 '대일밴드'라고 하는 것처럼 말이다. 아마도 이스탄불

- **이스탄불**
  파노라마로 본 이스탄불의 모습. 보스포루스해협을 배경으로 술탄 아흐메드 모스크(왼쪽 큰 건물)와 아야
  소피아 박물관(오른쪽 큰 건물)이 보인다.

이 워낙 발달한 대도시였기 때문에 옛 아라비아인도 따로 이름
을 지어 부를 필요 없이 '그 도시'라고 했던 모양이다.

 2015년에는 이스탄불의 한 해 관광객이 1,200만 명을 넘어섰
다. 어떤 설문 조사에서는 죽기 전에 가봐야 할 도시 1위에 뽑히
기도 했다. 이스탄불의 어떤 매력이 이렇게 많은 관광객을 끌어
들이는 것일까?

 이스탄불은 도시 한가운데 보스포루스해협이 있다. 이 좁은

바다를 둘러싸고 유럽과 아시아의 두 대륙이 걸쳐져 있는 것이다. 배로 5분이면, 혹은 다리 하나만 건너면 아시아와 유럽을 오갈 수 있다. 그래서 이스탄불에서는 동양과 서양의 문화와 풍속을 모두 볼 수 있다.

이스탄불로 여행을 간다면 꼭 들러야 할 곳은 어딜까?

▶ **아야 소피아 박물관**: 이스탄불에서 가장 유명한 관광지이다. 박물관이지만 원래는 이슬람 사원이었으며, 비잔티움 제국 시절

에는 크리스트교 사원이었다. 오스만 제국은 성 소피아 성당을
부수는 대신 이곳의 성화를 덧칠하여 이슬람 사원으로 만들었
다. 터키 공화국은 오스만 제국의 회칠을 일부 긁어내고 박물관
으로 사용하고 있다.

▶ 술탄 아흐메드 모스크: 오스만 제국 시절에 만들어졌다. 푸른
빛의 타일로 장식되어 '블루모스크'라는 별명으로 널리 알려져
있다. 다른 관광지는 대부분 비싼 입장료를 받는데, 이곳은 입장
료가 없다. 지금도 많은 무슬림이 이용하는 이슬람 사원이자 공
공건물이기 때문이다.

▶ 톱카프 사라이: 아야 소피아 박물관에서 5분 정도 걸어가면 만
날 수 있는 오스만 제국의 궁전이다. 오스만 제국 황제들의 화려
한 취향을 잘 보여주는데, 황실의 보물을 모아놓은 보물관이 유
명하다. 종교 유물을 전시한 곳에는 무함마드의 수염, 모세의 지
팡이 등이 있다.

▶ 그랜드 바자르: 우리나라로 치자면 서울의 남대문시장 같은
곳이다. 어떤 이들은 세계에서 가장 큰 재래시장이라고도 한다.

복잡한 미로 같은 통로마다 온갖 향신료와 카펫, 장신구 등이 널려 있는데 생각만큼 물가가 싸지는 않다. 관광객에게는 물건을 비싸게 파는 일이 흔하니 물건 값은 꼭 흥정해야 한다.

이스탄불이 아니어도 좋다. 책으로만 섭한 이슬람 문화의 향기를 느끼려면 에스파냐의 코르도바도 좋고 이집트의 카이로도 좋다. 당장 떠나지는 못하겠지만, 언젠가는 아름다운 이슬람 도시로 갈 수 있다는 상상을 해보자. 여러분이 떠나고 싶은 이슬람 도시는 어디이고, 그 이유는 무엇인가?

콘스탄티노플에서 경주까지는 거리가 1만 2,000킬로미터이다. 오늘날처럼 자동차나 비행기도 없고 인터넷도 없는 멀고 먼 옛날, 1만 2,000킬로미터는 상상조차 어려운 거리였을 터이다. 아마 무슬림과 한국인은 상대방의 존재조차 몰랐을 것만 같다. 그러나 그런 편견과는 다르게 경주의 고분에서는 서아시아산 물품이 무수히 쏟아져 나오고, 무슬림은 당시의 세계지도에 신라를 그려 넣고 있었다. 아라비아에서 생산한 유약과 몰약, 유리 제품은 낙타의 등에 실려 실크로드를 거쳐 당나라에 왔다가 다시 신라의 경주로 들어왔다. 신라 승려였던 혜초는 부처님의 나라를 보기 위해 여행을 떠나 인도와 페르시아 땅을 밟고 이를 여행기로 남겼다. 한국과 이슬람, 이 멀고도 가까운 두 이웃은 어떻게 만나고 교류해왔을까?

한국과 이슬람의 교류사

01

처용은 신라인일까? 아라비아인일까?

중국이나 일본처럼 가까운 나라를 제외하고 가장 먼저 우리의
존재를 알았던 이방인은 누구일까? 바로 지금으로부터 1,000여
년 전인 9세기 중엽의 아라비아 무슬림이다.

아라비아 상인 술레이만은 『중국과 인도 소식』(851)이란 책에
서 중국의 동쪽 끝에 신라가 있다고 소개했다. 다른 문명권에서
남긴 신라에 대한 첫 기록이다. 당시 이슬람과 유럽은 육지의 동
쪽 끝이 중국이라 여겼는데 그 너머의 신라가 새롭게 알려졌다.
1154년 에스파냐 출신의 무슬림 지리학자 이드리쉬가 만든 「세
계지도」에는 신라가 중국 동남쪽 섬나라로 표시되어 있다. 이드

• **이드리쉬의 「세계지도」에 그려진 신라**
이드리쉬의 「세계지도」의 세역세분도인 제1지역도 제10부분의 중국 동쪽 해상에는 '신라'로 명명한 다섯 개의 섬을 명시하고 있다.

리쉬의 지도는 신라가 표시된 가장 오래된 「세계지도」이다.

무슬림들은 중국 동쪽 너머 신라에 대해 어떻게 생각했을까? 『창세와 역사서』(966)에는 신라에 들어간 사람들이 "공기가 맑고 땅이 기름지고 물이 좋을 뿐만 아니라 주민들도 순박해 그곳을 떠나려 하지 않는다"고 쓰고 있다. 신라를 쾌적한 자연환경 속에서 넉넉한 생활을 하는 풍요로운 나라로 생각한 것 같다.

아라비아의 무슬림들은 또 신라를 '황금의 나라'로 여겼다. 최초로 「세계지도」에 신라를 표시한 이드리쉬는 신라에 "금이 너무 흔해서 심지어 그곳 주민들은 개나 원숭이의 목을 묶는 줄도 금으로 만든다"라고 표현했다. 연금술이 발달했을 정도로 이슬람 문화에서는 금을 귀하게 여겼다. 그런 금이 신라에서는 개 목줄로 흔하게 쓰일 정도였으니 그들에게는 이상향에 가까웠겠다. 우리 역시 신라의 섬세한 금 세공품을 보며 감탄하는데, 이런 금 세공 기술과 금 장식품이 무슬림에게 알려졌던 것 같다.

무슬림은 신라의 자연환경뿐 아니라 생활 모습도 이상적으로 묘사했다. 신라는 "불구자를 볼 수 없고…… 집에서는 용연향 향기가 풍기며, 전염병이나 질병이 드물고…… 병에 걸린 사람이 가면 말끔히" 낫게 되는 나라였다. 신라는 풍부한 자원을 가진 부유한 나라이며, 건전한 풍속을 가진 사람들이 사는 신비한 이상향이었다. 상업 활동을 위해 중국에 들른 무슬림은 그 옆 '황금의 나라' 신라까지 들렀다.

신라가 알던 아라비아

신라인도 아라비아에 대해 알고 있었을까? 아라비아 무슬림의 신라에 대한 기록이 등장하기 이전 아라비아를 방문한 신라인이 있었다. 바로 신라의 승려 혜초이다.

신라의 승려 혜초는 불교를 공부하기 위해 당나라로 건너갔다가 부처가 탄생한 나라를 순례하고자 723년 광저우에서 바닷길을 통해 천축으로 떠났다. 이후 4년간 인도를 순례했고, 당나라로 다시 돌아오는 길에 아라비아 지방을 방문하였다. 혜초는 당시 신라와 중국을 통틀어 처음 아라비아를 방문한 사람이었다. 인도와 아라비아를 방문하고 돌아온 혜초는 『왕오천축국전』을 남겼는데, 이 책은 8세기 서역에 관한 기록 가운데 으뜸으로 여겨진다.

혜초는 인도 간다라와 카슈미르 지방을 여행한 뒤 아프가니스탄에 이르렀다가 이때까지 전혀 알려지지 않았던 서쪽 지방을 여행하기로 했다. 여행의 서쪽 끝은 페르시아의 땅 니샤푸르였다. 한자 문화권에서는 아라비아를 대식국(大食國)으로 불렀는데, 이 이름을 가장 먼저 붙인 사람이 혜초이다. 『왕오천축국전』은 풍부하고 정확한 서술로 당시 인도와 페르시아의 땅을 묘사하여 중동의 사정을 알려주는 중요한 세계 여행기로 평가받고 있다.

혜초의 여행기 외에도 신라인과 무슬림의 왕래를 기록한 아라비아의 책들도 있다. 이븐 쿠르다지바가 쓴 『제도로 및 제왕국지』(845)에 아라비아가 신라에서 비단·검·사향·말안장·도기 등을 수입했다고 적혀 있다. 신라 유적에서도 아라비아 유물이 발

제5장 한국과 이슬람의 교류사

현재의 이란 국경선
우루무치
둔황
출발
니샤푸르
간다라 카슈미르
시안(수도)
신라
페르시아
히말라야 산맥
당
닝보
부다가야
광저우
아라비아해
인도
뱅골만
남중국해

투르크메니스탄
카스피해
테헤란
니샤푸르
아프가니
스탄
이라크
이 란
쿠웨이트
사우디
아라비아
카타르
아랍
에미리트

- **혜초의 여행 경로**
  니샤푸르는 혜초가 여행했다고 알려진 곳으로 지금은 이란 땅에 속해 있다.

견된다. 신라의 고분에서는 아라비아의 특산품이었던 유리잔과
구슬, 단검 등이 출토됐다. 신라인이 사용했다는 유향과 안식향
역시 아라비아에서 건너온 물건들이다. 신라인은 아라비아의 물

건을 소비하는 데 그치지 않고 향료와 낙타 등을 중개무역을 통해 일본에 팔기도 했다.

이처럼 혜초의 『왕오천축국전』과 신라 유적에서 출토된 아라비아 유물을 통해 볼 때 신라인도 아라비아에 대해서 잘 알고 있었을 것이다.

처용과 신라 고분의 무인석상

『삼국유사』에 다음 이야기가 전한다. 신라 헌강왕이 울산 개운포에 놀러 갔다가 절을 세우니 동해 용의 아들들이 기뻐하며 왕 앞에서 노래하고 춤을 추었다. 이들 가운데 한 명이 왕을 따라 경주까지 왔는데 그를 처용이라 했다. 왕이 아름다운 여인을 처용에게 주고 관직까지 내려주었는데 사악한 역신이 사람으로 변해 처용의 아내를 겁탈하려고 했다. 이에 처용은 노래를 부르고 춤을 추며 역신을 내쫓았고 이때부터 사람들이 역신을 쫓기 위해 처용의 모습을 벽에 붙여놓았다.

이 이야기가 처용 설화이다. 보통 설화는 전통 무속 신앙과 연관된 허구적인 것으로 여겨진다. 그런데 처용에 대한 이야기는 역사서인 『삼국사기』에도 등장한다. 『삼국사기』에는 헌강왕 때 동쪽 지방에서 낯선 사람들을 만나는데 얼굴과 옷차림이 이상해

- **처용탈(왼쪽)**
  『악학궤범』에 실려 있는 처용탈의 그림. 처음 처용탈은 무서운 귀면이었으나, 신라시대는 물론 조선시대
  에까지 그 춤이 이어져 내려왔다.
- **용강동 고분의 흙 인형(오른쪽)**
  경주의 용강동 고분에서는 아라비아인의 모습을 한 흙 인형이 발견되었다.

서 사람들이 이들을 산이나 바다의 정령이라고 여겼다고 기록하였다. 『삼국유사』보다 먼저 기록된 『삼국사기』에는 허구적인 설화 이야기가 아니라 헌강왕 때 처용이라는 인물이 실제로 있었다는 기록이 있는 것이다.

어떤 학자들은 처용을 울산에 상륙한 이방인이라고 추측한다. 그 근거는 무엇일까? 처용이 처음 나타난 울산은 신라 시대에 수도 경주를 배후에 둔 국제 무역항이었다.

바닷길을 통해 세계의 물품이 신라로 들어오고 신라의 수출품이 나가는 교역 창구였다.

아라비아의 무슬림이 신라와 교역했다는 중세 이슬람 문헌 기록을 통해 볼 때 이곳에 아라비아인이 나타났을 수 있다. 게다가 처용탈에 묘사된 처용은 큰 쌍꺼풀에 높은 코, 주걱턱, 검붉은 낯빛을 가지고 있다. 영락없는 아라비아인의 얼굴이 아닌가.

그런데 이방인이 처용만은 아니었던 듯싶다. 신라의 다른 유물에서도 어렵지 않게 이방인의 얼굴을 찾을 수 있다. 신라의 여러 고분에서는 무덤을 지키는 무인석상이 발견되는데 이들은 모두 곱슬곱슬한 머리카락과 긴 구레나룻, 큰 눈과 매부리코를 가지고 있다. 경주의 용강동 고분에서는 서역인(아라비아인)의 모습을 한 흙 인형도 발견되고 있다.

처용 설화나 무인석상을 만든 신라인의 마음은 무엇일까? 중세에는 자신들과 다른 외모를 가진 이방인을 신비한 힘을 가진 존재라고 생각하기도 했다. 이방인의 힘으로 악귀나 불운을 쫓아내고자 하는 마음에서 처용 설화가 이야기되고 무인석상이 조각된 것이다. 물론 처용이 아라비아인이라는 확실한 근거는 없다. 어떤 이들은 설화의 내용으로 볼 때 자연인이 아니라 허구의 존재라고 보기도 한다. 하지만 신라와 아라비아의 교역 기록과 무인석상의 모습으로 보면 다른 상상을 할 수도 있다. 남해 바다를 떠돌던 한 아라비아의 상인이 신라로 와서 정착해 살며 처용 설화의 주인공이 됐을지도 모르는 일 아닌가.

02

개성에 회회인이 살았다

고려 수도 개경에 무슬림들이 모스크까지 짓고 살았다면 믿을 수 있을까? 고려에 살았던 무슬림은 누구였으며, 왜 이 땅에 정착했을까? 그리고 이들은 향후 어떻게 되었을까?

신라 시대에 중국까지 진출한 아라비아의 무슬림 상인은 신라와도 활발히 교역했을 것으로 짐작된다. 직접적인 교류는 아니었지만 우리와 이슬람의 교역은 끊어지지 않고 이어졌다. 『고려사』에는 드문드문 이러한 교류의 흔적이 남아 있다.

대식국(아라비아)에서 열라자 등 100명이 와서 왕을 만나 토산품을 바치니, 왕이 그들을 극진히 대접하였다. 또 그들이 돌아갈 때 금, 은, 옷감 등을 선물로 주었다.

헌종 15년(1024)

대식국 상인 보나합 등이 와서 수은, 용지, 섬성향, 몰약, 소목 등 귀한 물품을 바치니 왕이 그들을 후하게 대접한 뒤 돌아갈 때 비단옷을 선물하였다.

문종 1년(1047)

위와 같은 『고려사』의 기록들을 보면 아라비아와 고려의 교역은 우연히 이루어진 일이 아니라는 것을 알 수 있다. 아라비아 상인은 대규모 선단을 이끌고 와서 고려 왕에게 물품을 진상하고 대신 선물을 받아가는 공무역의 형태로 교역을 하였다. 상인의 수가 많고 공무역 형태인 것을 보면 이전부터 서로 합의된 형태의 교역이 이어져온 것으로 볼 수 있다. 한자로 적혀 있지만 상인들은 아라비아어와 비슷한 이름을 갖고 있다.

고려 말 원의 간섭이 시작되면서 이슬람과의 교류는 더욱 활발해진다. 당시 몽골인은 서역의 무슬림을 색목인이라 불렀다. 색목인은 과학 기술, 상업 등의 분야에서 몽골인보다 앞섰기 때문에 원에서는 색목인을 우대하고 그들의 능력을 활용하였다. 이 색목인들이 몽골 간섭과 함께 고려에도 진출한 것이다.

고려 개경에는 원 간섭기 고려에 들어온 무슬림들의 생활공동체가 형성되었다. 무슬림들은 개경 근처에 마을을 이루고 집단으로 살았으며, 고유의 생활양식과 종교의식을 유지하였다. 고려 사람들은 이들을 회회인이라 불렀다. 회회(回回)는 원나라에서 무슬림이나 서역인을 부르는 말이기도 했다. 이들은 예궁(모스크)에 모여 이슬람 예배를 보았고 회회사문(이맘)의 인도 아래 이슬람의 예배 의식을 왕 앞에서 거행하기도 했다.

회회인과 고려 여인의 로맨스, 쌍화점

속요는 고려 시대 백성들이 부르던 유행가이다. 고려 속요 가운데 가장 잘 알려진 「쌍화점」 1절 가사를 읽어보자.

쌍화점에 쌍화 사러 갔더니만 회회 아비 내 손목을 쥐었어요.
이 소문이 가게 밖에 나며 들며 하면 조그마한 새끼 광대 네가 퍼뜨린 것인 줄 알리라.

「쌍화점」이라는 유행가 가사 속에 회회인과 고려 여인의 사랑 이야기가 묘사되어 있다. 무슬림이 고려 사회에 정착하면서 어느 정도 적응하고 고려인과 어울렸던 상황을 짐작할 수 있다. '쌍화'는 무슬림 고유의 빵을 가리키는데 아마 만두의 한 종류로 짐작된다. 회회 아비는 쌍화를 파는 무슬림인이었을 것이다.

쌍화점의 회회 아비 같은 이들은 어떻게 고려에 정착했던 것일까? 고려에 들어왔던 무슬림들은 처음에 원의 고려 간섭을 돕기 위한 관리 자격으로 들어왔다가 몇몇이 떠나지 않고 정착하게 되었다. 고려에 남은 그들은 한반도 무슬림의 시작이 되었을 것이다.

고려 때 정착한 무슬림으로 대표적인 이가 삼가이다. 삼가는 1274년 충렬왕 때 원나라 제국 공주를 모시는 관리로서 고려로 들어왔다. 원은 고려를 감시하기 위해 고려 왕과 원의 공주를 혼인시켰다. 원 공주를 따라 들어온 삼가는 충렬왕의 총애를 받아 왕으로부터 장순룡이라는 이름을 받았고 벼슬이 장군까지 이르렀다. 장순룡은 개성 근처의 덕수현을 식읍으로 받았으며, 고려인과 결혼해서 세 아들을 낳았다. 그의 후손들은 본관을 덕수로 하고 장순룡을 덕수 장씨의 시조로 모셨다.

충렬왕 때 민보라는 사람도 귀화한 무슬림이다. 민보는 벼슬이 대장까지 이르렀고 원나라에 사신으로 파견되기도 하였다.

경주 설씨의 시조인 설손도 공민왕 때 고려로 와서 관직과 땅을 하사받고 고려에 정착하였다. 설손의 후손들은 조선이 개국할 때 명나라에 사신으로 가기도 하였다.

고려의 무슬림들은 처음에는 원의 보호 아래 왕실과 깊은 관계를 맺었다. 고려 왕은 연회를 열어 이들을 초청하기도 하였고 무슬림들로부터 쇠고기를 상납받기도 했다. 무슬림 가문에서 특별히 왕을 모시는 시종을 뽑기도 했으며, 매를 관리하는 응방에는 많은 무슬림들이 근무했다고 한다. 이처럼 원 간섭기에 건너온 무슬림들이 고려 사회에 정착해 살았는데 이들이 아마 「쌍화점」의 회회아비일 것이다.

고려 문화에 남은 이슬람의 흔적

「쌍화점」의 회회아비는 무슬림 고유의 음식인 쌍화를 팔았다. 무슬림의 음식을 파는 음식점까지 있었으니 이슬람의 음식 문화까지 고려에 영향을 주었던 것이다. 쌍화와 함께 무슬림의 영향으로 보이는 설적이라는 음식도 있다. 설적은 송도 설씨가 만들었다고 전해지는데, 쇠고기 등을 꼬챙이에 꿰어 구운 음식으로 중동 지역의 케밥과 비슷하다.

우리나라의 전통 술로 알려진 소주도 사실은 이슬람과 관련이 깊다. 고려 때 몽골이 침략하면서 그들이 마시던 아락주가 전해 졌다. 아락주는 원래 몽골인의 술이 아니었고 몽골이 아바스 왕조를 침략하면서 알게 된 서아시아 지방의 술이다. 아라비아의 무슬림들이 알코올 증류법을 개발했는데 이렇게 만든 소주를 무슬림들은 아라크라고 불렀다. 이 아라크가 몽골에 전해져 아락주가 되었다. 아락주는 세 번 증류하는 술이라고 해서 고려에서 소주로 불렸다.

몽골이 일본을 정벌하기 위해 고려 곳곳에 원정군을 주둔시켰는데, 몽골 원정군이 주둔하던 개성, 안동 등에서 처음 소주를 만들었다. 특히 몽골이 두 차례 일본 원정에 나설 때 안동이 주요 병참기지가 되면서 안동 소주가 활발하게 만들어졌다. 개성에서는 조선 후기까지도 소주를 옛 이름인 아락주라고 불렀다. 소주는 몽골을 매개로 한 우리와 이슬람 사이의 교류를 보여주는 대표적인 증거이다.

음식 문화뿐 아니라 춤에서도 이슬람 문화의 흔적을 찾을 수 있다. 고려 때 중앙아시아에서 들어온 나팔 등의 악기를 호악, 서역의 춤을 호무라고 하였다. 원 간섭기의 고려 왕들은 인질이 되어 원나라에서 어린 시절을 보내는 경우가 많았다. 원에서 유행하던 호악과 호무에 친숙했던 고려 왕실은 호악과 호무를 하면서 연회를 즐겼다고 한다. 농악대의 날라리는 호적이라 하고 해금도 호금이라 하는데, 이때의 영향이 아직까지 남아 있는 것이다.

고려의 무슬림은 오랜 세월이 흐르면서 이들 고유의 관습과 종교를 지키지 못하고 우리와 동화되었다. 귀화한 무슬림은 처음 몇 대만 이슬람을 유지하고 그 후에는 점차 한국 사람들과 다를 바 없이 살았다. 하지만 이슬람과의 교류를 보여주는 문화의 흔적은 여전히 우리 곁에 남아 있다.

03

경복궁 앞뜰에 『쿠란』 소리가 울려 퍼지다

조선 세종의 즉위식이 열리자 경복궁 앞뜰에 여러 관리들이 모여들었다. 여러 관리 사이에 회회노인(무슬림 원로)도 끼어 새 왕에게 절을 올리고 즉위를 축하했다. 무슬림에게 인사를 받는 조선의 왕. 매우 낯설게 느껴지는 장면이지만 『조선왕조실록』에 분명히 등장하는 기록이다.

조선 초 우리와 이슬람의 관계는 고려 말과 크게 다르지 않았다. 고려에서 조선으로 왕조가 바뀌는 큰 정치 변화가 있었지만 무슬림은 고려 말에 누렸던 사회적 지위를 인정받은 채 그대로 조선의 백성이 되었다. 우리 땅에 정착한 뒤 꽤 시간이 흘렀지만 조선 초까지는 무슬림의 관습이 일부 남아 있었고 자유로운 종교 생활을 했던 것 같다. 신년 하례식 같은 궁정 행사가 있으면 항상 무슬림이 초대받았으며, 이들은 경회루 앞에서 『쿠란』을 낭송하거나 이슬람식 기도를 하며 왕의 만수무강과 국가의 안녕을 빌었다.

궁정 행사에 초청받은 무슬림은 특유의 복식을 입고 참석해 이슬람식 의례를 거행하였는데, 불교 승려와 같은 서열이었다고 한다. 무슬림은 조선의 백성이었지만 동시에 이방의 종교를 가진 외교 사절의 역할을 했던 모양이다. 무슬림이 여러 가지 경제적 우대를 받았다는 기록도 보인다. 태종 때 도로라는 이름의 회회사문(이맘)이 가족을 데려와 인사를 하였는데 왕이 집을 하사하고 여러 가지 특전을 베풀었다고 한다. 이후 태종은 국가 재정이 어려워지자 왜인과 회회인에게 주던 녹(관리 등의 봉급)을 줄이라는 명령을 내렸다. 이는 국가 재정에 부담이 될 만큼 회회인에게 주던 녹이 많았다는 사실을 보여준다.

조선 초 무슬림은 공동체를 이루어 나름의 관습과 종교를 유지하며 살았지만 오랜 세월 이 땅에 살아오면서 점차 우리 문화에 동화되어갔다. 그러자 세종은 다음 같은 명령을 내린다.

예조가 아뢰기를 "무슬림 무리가 의관(옷)이 달라 사람들이 모두 우리 백성이 아니라고 하여 더불어 혼인하기를 부끄러워합니다. 이미 우리나라 백성이 되었으므로 우리식 의관을 좇아야만 차이가 없어져 자연히 혼인도 하게 될 것입니다. 또한 무슬림들의 대조회 때 송축하는 예도 폐지함이 마땅합니다"고 하니 왕이 그리하라 하셨다.

세종 9년(1427)

무슬림이 우리 문화에 동화되자 이들과 우리의 차이를 두드러지게 하는 의복을 금지한 것이다. 고려 후기에는 개성에 모스크가 있었고 조선 초기에는 경복궁에서 『쿠란』이 낭송될 정도로 이슬람이 깊이 들어와 있었지만, 이후로는 점차 이슬람 공동체 문화의 특색이 사라져 우리와 다를 바 없어졌다.

조선에 들어온 이슬람 과학 기술

세종은 과학 기술 발전을 장려하여 여러 가지 성과를 이뤘다. 그런데 당시의 과학 기술에 이슬람 문화의 영향이 발견된다. 이슬람의 과학 기술은 우리 문화에 어떤 영향을 줬을까?

세종은 백성의 생활 안정에 관심이 많았다. 생활 안정의 바탕은 농사였다. 농사를 잘 지으려면 정확한 달력이 있어야 했다. 천

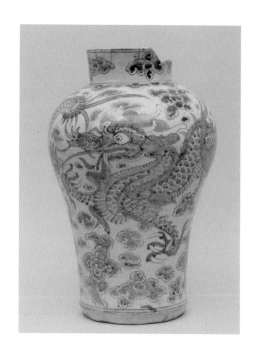

체의 규칙적인 주기를 보고 시간의 흐름을 구분하기 위해 만든 것이 달력이다. 그런데 하루나 한 달, 1년의 주기가 딱 맞아떨어지지 않기 때문에 이것을 조정하는 방법에 따라 여러 가지 역법 (달력)이 등장하였다. 당시 우리는 중국의 역법을 가져와 썼는데 해와 달이 뜨는 시각과는 맞지 않아 사용하기가 어려웠다.

그러자 세종은 집현전 학자들에게 역법을 연구하게 했다. 집현전 학자들은 명나라와 원나라의 역법을 연구했는데, 이들은 중국의 역법이 이슬람 역법을 중국 사정에 맞게 수정한 것이라는 사실을 알아냈다. 그래서 이슬람 역법인 회회력을 구하여 이슬람 역법의 원리를 연구하고 우리 사정에 맞는 일몰 시간, 동지 같은 것을 대입해 『칠정산외편』을 만들었다.

이 역법은 이슬람력의 기원인 622년(헤지라)을 기원으로 삼았고 천문 단위도 이슬람의 60진법을 사용했다. 즉, 이슬람 역법의 기본 원리와 특성을 그대로 받아들여 우리 현실에 맞는 역법으로 재탄생시킨 것이다. 『칠정산외편』은 우리가 쓰는 음력의 기초가 되어 훌륭한 농사 달력으로 쓰였다.

조선 초기에는 해시계와 물시계, 태양과 별의 움직임을 관측하는 여러 천문 기구가 만들어졌다. 그런데 이 천문 기구는 당시 중국에 도입되었던 이슬람의 천문 기구와 비슷한 점이 많았다. 이런 기구가 이슬람 천문학과 구체적으로 어떤 관련이 있는지 아직 밝혀지지 않았지만 이슬람 기술의 영향이 있었음을 추측해 볼 수 있다.

이슬람의 영향은 공예품에서도 발견된다. 조선 시대에는 백자를 대표적인 공예품으로 손꼽는데, 푸른색 무늬를 가진 청화백자에 사용된 청색 안료는 본래 회회청(코발트)이라고 불렀다. 원래

중앙아시아 사마르칸트에서 생산되던 회회청은 무슬림 상인을 통해 중국과 조선에 수출되었다. 이 안료를 사용하여 조선 세조 때부터 청색 무늬를 넣은 청화백자가 만들어졌다. 그러다가 회회청 수입이 어려워지면서 생산량이 줄어들다가 조선 후기에 국산 청색 안료가 개발되면서 청화백자가 다시 부활하였다.

오스만 제국의 조선 보고서

신라 시대에 시작되어 고려 말과 조선 초에 활발했던 우리와 이슬람 간의 교류는 이후 공백기를 겪었다. 오래도록 이어진 교류가 끊어진 이유는 무엇일까? 먼저 교류의 창구 역할을 하던 원나라가 무너지고 새로 들어선 중국의 명나라와 청나라가 무슬림을 탄압하고 폐쇄 정책으로 돌아섰기 때문이다. 게다가 유럽의 신항로 개척 이후 무슬림들의 상권이 약화되면서 이슬람 세력이 동방으로 진출하는 움직임이 줄어들었다. 이런 상황에서 우리와 이슬람을 연결하던 교역 길이 차단되었다고 할 수 있다.

뿐만 아니라 조선을 지배한 보수적인 유교 문화는 이슬람과 같은 이방인의 문화를 환영하지 않았다. 더구나 세종 때 이방인의 습속을 금지한 명령 이후 무슬림 대부분은 조선인에 동화되었고 이슬람 문화의 자생력은 사라졌다. 우리와 이슬람의 만남은 오랜 기간이 흘러 19세기 말 근대화 운동 시기에 다시 시작되었다.

오스만 제국이 19세기 말 근대화 운동을 시작하면서 범이슬람주의 부흥 운동이 일어나고 러시아와 연대하자는 주장이 제기되었다. 이런 움직임은 오스만 제국이 중국과 조선, 일본에 관심을 갖는 계기가 되었다. 오스만 제국이 적극적으로 동방 진출을 추진하면서 러시아 무슬림인 압둘 라시드 이브라힘이 조선을 방문하였다. 그는 러시아인이지만 튀르크계 무슬림 종교 지도자로 오스만 제국의 술탄과 깊은 관계를 맺고 있었다.

1909년 조선을 방문한 그는 부산에서 신의주까지 열차를 타고 여행하면서 얻은 정보와 정세 판단을 정리하여 『조선 여행 보고서』를 썼다. 그가 오스만 제국에서 출판한 『이슬람 세계』에 이 글이 실려 있는데, 조선인의 윤리와 도덕, 일본의 식민지로 전락하기 직전의 암담한 현실이 자세하게 정리되어 있다. 주로 고위 관료나 민중과 면담한 내용과 일본에서 제공한 자료를 담고 있지만, 어느 정도 일본의 시각이 포함되어 있기도 하다.

하지만 조선 내 크리스트교 선교사들의 활동이나 전통 풍속의 와해, 윤리 도덕의 타락 등을 무슬림의 입장에서 바라본 점은 의미가 있다고 하겠다. 압둘 라시드는 조선 초 이후 단절되었던 우리와 이슬람 세계의 만남을 다시 시작하는 계기를 열었다. 제국주의 세력에 압박받는 존재로서 조선과 오스만 제국을 동일시하게 된 것이다. 그의 책이 출판된 이후에 오스만 제국에서는 조선의 사정이 신문 기사로 여러 번 다루어지기도 했다.

04

한국에서도 모스크를 볼 수 있다?

조선 초기 이후 무슬림들이 집단적으로 옮겨 와서 우리 땅에 다시 공동체를 이루며 정착하기 시작한 것은 언제일까? 바로 일제 강점기인 1920년대부터이다. 1917년 러시아 혁명 이후 박해를 피해 만주로 이동한 600여 명의 튀르크인들이 있었는데, 이 가운데 200여 명 정도가 일본군의 보호 아래 한반도에 흩어져 정착하였다. 당시 한반도에 정착한 무슬림 튀르크인들은 서울, 부산, 평양 등의 도시에 거주하면서 만주와 한국, 일본을 잇는 무역 거래에 종사하였다. 주로 일본에서 양복, 화장품, 가정용품을 가져와 한국과 만주에 팔았고 만주에서 채취한 자원 등을 일본에 공

급하는 삼각 무역에 종사하였다. 일부는 포목점이나 양복점을
운영하였다.

상업에 밝고 부지런했던 튀르크 상인은 무역 거래와 상점 운
영으로 상당한 부를 얻었다. 튀르크인은 조선총독부에 돈을 상
납하고 충성을 맹세했고, 조선총독부는 튀르크 상인의 경제활동
을 보호하고 사회적 지위를 인정해주었다. 일제의 비호 아래에서
1928년에는 무슬림협회가 만들어졌고 무슬림 학교와 사원이 세
워지기도 했다. 이들은 『쿠란』을 출판하고 이슬람 전용 묘지까지
마련하는 등 이슬람 문화와 전통을 지키려는 활동이 활발했다.

무슬림은 본래 상대국의 문화와 관습을 대체로 존중하고 강제
로 선교 활동을 하지 않는 전통이 있다. 일제 강점기에 들어온 튀
르크 무슬림 역시 자신들의 종교 활동을 인정받는 데 만족하고
적극적으로 이슬람 포교 활동을 하지 않았다. 다만 튀르크 무슬
림과 같이 일했던 한국인 가운데 그들의 영향을 받아 무슬림으
로 개종한 이들이 있었다. 바이칼 양복점에서 근무하던 한국인
점원은 1932년 무슬림으로 개종하는 데 성공한 최초의 한국인
무슬림으로 알려졌다. 그는 튀르크인과 결혼하여 이스탄불로 이
주했다고 한다. 일제 강점기에 정착한 튀르크 무슬림은 해방이
되면서 한국 땅을 떠났다. 조선총독부와 가깝게 지내왔기에 해

• 서울 중앙 성원

1976년 5월 21일 개원한 한국 최초의 이슬람 성원이다. 서울 이태원동에 위치하고 있다.

방 이후 자신들을 보호해줄 세력이 없다고 여겼던 것이다. 이들
이 떠나면서 한국에서 이슬람 문화는 다시 자취를 감춘 듯이 보
였다.

한국인 무슬림은 몇 명이나 될까?

1950년 한국전쟁이 일어나고 한국을 돕기 위해 파병된 유엔군 가운데 터키군이 있었디. 터키는 미국, 영국, 캐나다에 이어 네 번째로 많은 1만 5,000명의 군인을 한국에 보냈다. 한국전쟁에 참전한 터키군은 후방에 이슬람 학교를 세워 전쟁고아들을 길렀고, 휴전 이후에는 터키군 이맘이 직접 선교에 나서 한국인들에게 이슬람을 전파하였다. 이때 무슬림이 된 한국인은 1955년에 '한국이슬람협회'를 결성하였다.

터키군의 선교 활동에서 시작된 한국인 무슬림 공동체는 점차 커져서 지금 한국인 무슬림은 약 4만 명 정도 된다. 서울 중앙 성원을 비롯해 전국에 이슬람 사원이 있는데, 외국인 무슬림 노동자가 많이 들어오면서 그 수가 늘어나 지금은 열다섯 군데 정도 된다. 방글라데시, 파키스탄, 인도네시아 등지에서 일자리를 찾아 한국에 들어온 외국인 무슬림은 약 10만 명 정도로 알려져 있다. 특히 외국인 무슬림 숫자가 늘어나면서 이태원과 안산 지역에 작은 이슬람 타운이 형성되었고, 그곳의 모스크를 중심으로 할랄 음식을 파는 식당과 마트 등이 생겨나고 있다.

유럽보다 오래된 이슬람과의 교류

우리와 이슬람의 교류는 고려 말과 조선 초처럼 활발하던 때도 있었지만 그렇지 않은 시기도 많았다. 주로 무슬림들이 우리에게 오는 경우가 많았고 그 반대의 경우는 드물었다. 서로 영향을 주고받기보다는 일방적으로 문화가 전파되는 경우가 많았던 것이다. 그리고 직접적인 교류가 아닌 중국 등을 통해 간접적으로 문화 전파와 교류가 이루어졌다.

하지만 우리와 이슬람의 만남은 신라 이래 오랜 시간 이어져왔고, 이슬람 문화로부터 우리가 많은 영향을 받았다는 사실을 우리의 문화와 역사 곳곳에서 확인할 수 있다.

오히려 우리와 유럽 문화의 만남은 이슬람의 경우보다 한참 늦게 이루어졌다. 게다가 우리가 잘 알지 못하는 사이에 이미 한국인 무슬림과 외국인 무슬림의 수는 상당한 정도로 늘어났다. 이들과 더불어 살고 더 나아가 이슬람 세계와 어울리기 위해서는 이슬람에 대한 정확한 이해와 열린 관심이 필요하다.

옛날 옛적에,
페르시아 왕자와 신라 공주가 살았더래요

페르시아의 왕자가 신라의 공주와 결혼했다는 이야기를 들어본 적 있는가? 전혀 일어나지 않았을 법한 이 이야기는 페르시아의 서사시 『쿠쉬나메』에 기록되어 있다. 『쿠쉬나메』에는 페르시아 왕자와 신라 공주의 사랑 이야기뿐 아니라 신라에 관한 많은 내용이 담겨 있다. 먼 옛날 신라에 어떻게 페르시아 왕자가 건너오게 되었을까?

기록에 따르면, 7세기 무렵 사산조 페르시아 마지막 황제의 왕자 피루즈는 이슬람 제국에 끝까지 저항하다가 중국으로 망명한다. 피루즈와 함께 많은 페르시아인들이 중국에 정착하여 살았다. 그런데 중국에 황소의 난이 일어나고 정치적 혼란이 이어지자, 페르시아인들은 신라로 망명하였다. 『쿠쉬나메』 속에 등장하는 신라에 관한 내용은 바로 이런 역사적 사실을 바탕으로 기록되었을 것이다.

『쿠쉬나메』의 줄거리를 살펴보자. 페르시아 왕자 아비틴은 페르시아인들을 이끌고 가서 중국의 이웃 나라인 마친 왕에게 도움을 구했다. 마친 왕은 중국의 보복이 두려워 신라의 왕을 소개해주었고, 아비틴은 배를 타고 신라로 떠났다. 아비틴과 페르시아인은 신라에서 큰 환영을 받는다. 이 부분에서 신라의 궁전, 도로, 도시 주변 정원의 모습이 자세하게 묘사되고 있다.

아비틴은 신라군을 도와 당 군대를 물리치기도 했다. 아비틴은 신라 공주인 프라랑과의 결혼을 요청하고 허락을 받는다. 신라 공주는 아비틴의 아이를 갖게 되는데, 예언가들은 태어날 왕자가 페르시아인의 복수를 해줄 위대한 영웅이라고 말한다. 아비틴은 임신한 공주와 함께 페르시아인을 데리고 다시 고향으로 돌아가기로 결심한다. 아비틴은 나중에 쿠쉬의 공격으로 죽고 그의 아들은 아버지에 대한 복수에 성공한다. 그리고 신라와 페르시아는 다시 우정을 나누게 된다.

『쿠쉬나메』는 페르시아 지방에서 구전으로 내려오던 신라에 관한 이야기를 모은 것이다. 이를 11세기 무렵에 페르시아 학자가 책으로 엮었다고 한다. 주인공 아비틴은 아마도 사산조 페르시아의 피루즈가 아니었을까? 어떤 학자들은 아비틴과 프라랑의 사랑 이야기가 처용 설화와 닮은 점이 많다고 지적하기도 한다. 닮은 두 가지 이야기가 신라와 페르시아에 함께 전해지는 이유는 무엇일까?

아직 삼국 시대에 우리와 중동 사람들이 직접적으로 교류를 했다는 증거는 없다. 『쿠쉬나메』의 이야기를 역사적 사실 그대로 보기는 어렵다. 알려진 지 얼마 되지 않아 연구 성과도 많지 않은 편이다. 그러나 『쿠쉬나메』 속 페르시아 왕자와 신라 공주의 사랑 이야기를 실마리로 삼아 앞으로 신라와 페르시아, 그리고 아라비아인의 문화 교류사를 더욱 밝혀내길 바란다.

이슬람의
오늘을 이해하다

중세 이슬람 세계는 당시에 가장 선진적이고 문명화된 곳이었다. 예전의 넓은 영토와 찬란한 문화는 옛 영광으로 기억될 뿐이고, 오늘날의 이슬람은 세계 문화의 중심이라고 자부하기 어려운 상황이다. 이슬람에 대한 우리의 편견 때문이기도 하지만, 그런 오해를 걷어내더라도 이슬람이 예전처럼 세계 문화의 중심이라고 할 수는 없다.

　이슬람 문화가 그 빛을 잃어버리기 시작한 것은 언제부터였을까? 아마 18세기 무렵이 아닐까. 당시 유럽의 제국주의 국가들은 중동과 아프리카의 이슬람 국가들을 지배해나갔다. 한국이 일본의 식민지 지배로 고통받은 것과 마찬가지로 이슬람 국가도 유럽인의 지배 때문에 많은 고난을 겪게 되었다.

　팔레스타인 지방을 장악하고 있던 영국은 제국주의적 지배를 끝낸 이후에도 이곳에서 영향력을 계속 유지하고 싶었다. 그래서 오래전 팔레스타인 땅을 떠났던 유대인에게 그 땅을 내어주고, 이스라엘을 세우도록 도왔다. "1,000여 년 전에 우리 조상이 살았던 곳"이라면서 팔레스타인 지방의 무슬림을 내몰고, 유대인들이 이스라엘을 세웠던 것이다. 그러므로 주변의 이슬람 국가들과 이스라엘의 사이가 좋을 리가 없었다.

이후 석유가 중요한 경제적 자원으로 떠오르면서 중동과 아프리카의 이슬람 국가들의 힘이 커지기 시작했다. 석유 자원을 하나의 무기로 삼아 다시는 서구 세력에게 당하지 않으려 하였다. OPEC(석유수출국기구)은 그렇게 만들어진 단체였고, 이들과 서구의 힘겨루기 속에서 우리나라 경제에도 큰 영향을 준 '석유파동'이 일어났다.

미국은 1979년 소련이 아프가니스탄을 침공하자 이슬람 무장 세력에게 무기를 지원하여 소련에 저항하도록 하였다. 이 이슬람 무장 세력이 바로 탈레반 정권이 되었고, 이슬람 근본주의를 내세워 아프가니스탄에서 오랜 불교 문화유산을 불태우고 여성들을 억압했다. 그리고 나중에는 미국을 공격하는 테러 세력을 키웠다.

오늘날 세계인의 평화를 위협하는 테러와 폭력, 전쟁이 하나의 종교 때문에 빚어진 것만은 아니다. 공존을 거부하는 이슬람 근본주의의 탓도 있지만, 반드시 그들만의 잘못은 아닌 것이다. 다른 종교, 다른 문화와 공존과 타협을 거부하는 모든 근본주의가 끊임없는 분쟁의 씨앗이 되고 있다. 우리는 다른 종교에 대해 어떤 사세를 가져야 할까?

또 다른 이웃, 이슬람 문화를 만나다

타인을 이해하고 나와 비교하면 타인에 대한 궁금증도 해결되지만 동시에 나에 대해 더 잘 알게 된다. 외우고 시험을 봐야 하는 대상으로 여기면 어느 것도 재미있지 않다. 궁금하고 알고 싶은 대상으로 이슬람과 마주해보자.

이슬람은 종교이기도 하고, 생활 방식이기도 하고, 가치관이기도 하다. 무슬림들은 이슬람을 신앙으로 믿을 뿐만 아니라 이슬람이 세워놓은 삶의 규칙 안에서 살아가고 있다. 그래서 이슬람 세계를 이해하려면 이슬람의 역사와 함께 이슬람의 신앙과 문화까지도 함께 살펴보는 게 좋다.

아라비아반도에서 시작한 이슬람은 얼마 지나지 않아 거대한 이슬람 제국으로 발전했다. 이슬람 제국은 지식에 대한 열린 자세와 정치적 안정, 경제적 부를 바탕으로 눈부신 과학과 문화 발전을 이끌어내기도 했다. 중세 이후 이슬람 세계와 크리스트교 세계는 긴장 관계에 있었다. 영토를 놓고 다투는 경생 관세이기도 했지만, 한편으로는 과학 기술과 문화, 교역을 통해 주고받는 것이 많은 이웃이기도 했다.

서로 전혀 관련이 없었을 것 같은 이슬람 세계와 우리도 꽤 많은 만남이 있었다. 중세 이슬람 세계는 동서 무역으로 대륙의 끝인 신라와 고려에도 흔적을 남겼다. 우리와 이슬람의 만남은 치열하고 뜨거운 정도는 아니었지만, 서로를 긍정적으로 평가하고 유용한 문화를 주고받는 예의 바른 사귐이었다.

역사는 과거의 일이지만 과거를 보는 내가 현재에 발을 딛고 있기에, 이슬람 역사를 보는 시각도 당연히 현재의 이슬람과 관련이 있다. 사실 요즘 이슬람 세계는 테러리즘과 여성에 대한 억압, 이슬람 근본주의와 정치 독재의 문제 등에 대해 많은 비판을 듣고 있다. 과거 이슬람의 찬란한 문화나 이슬람 신앙의 본뜻을 강조한다고 해서 현대 이슬람 세계의 문제점이 덮어지는 것은 아니다.

하지만 어느 사회에도 해결해야 할 문젯거리는 있기 마련이다. 일부에 문제가 있다고 해서 전체를 싸잡아 비난하거나 나쁘게 보아서는 안 된다. 이슬람 근본주의를 주장하는 테러리즘은 비판받아야 하지만, 이슬람이 폭력을 가르치는 종교라고 넘겨짚어서는 안 되지 않을까? 이슬람의 여성 억압과 악습은 고쳐야 하지만, 이슬람 여성들에게 서구 문화를 강요하는 것이 과연 옳은 것일까?

상대에 대한 이해는 상대를 잘 아는 데서 출발한다. 이슬람을 잘 알지 못하면서 서둘러 비판하는 것은 옳지 않다. 이 글은 이슬람 역사를 중심으로 이슬람 문화를 살펴봄으로써 이슬람 세계에 대한 이해를 돕고 싶은 마음으로 썼다. 이 책이 같은 세계인으로서 이웃 이슬람을 알아가는 첫걸음이 되기를 바란다.

참고문헌

1. 국내서적

손주영, 『이슬람』, 일조각, 2005.

오강남, 『세계 종교 둘러보기』, 현암사, 2013.

이희수, 『세상을 바꾼 이슬람』, 다른, 2015.

이희수, 『이슬람과 한국문화』, 청아출판사, 2012.

이희수 외, 『이슬람』, 청아출판사, 2008.

정수일, 『이슬람 문명』, 창비, 2002.

진원숙, 『이슬람의 탄생』, 살림, 2008.

최영길, 『꾸란과 성서의 예언자들』, 살림, 2009.

2. 번역서적

김용선 옮김, 『코란』, 명문당, 2002.

라이언스, 조너선, 김한영 옮김, 『지혜의 집, 이슬람은 어떻게 유럽 문명을 바꾸었는가』, 책과함께, 2013.

루이스, 버나드 엮음, 김호동 옮김, 『이슬람 1400년』, 까치글방, 2001.

뷔르지, 파스칼, 윤인숙 옮김, 『이슬람 세계』, 현실문화, 2011.

사르다르, 지아우딘 외, 유나영 옮김, 『이슬람, 우리는 무엇을 알고 있나?』, 이

후, 2007.

시디퀴, 하룬, 김수안 옮김, 『처음 만나는 이슬람』, 행성B, 2011.

안사리, 타밈, 류한원 옮김, 『이슬람의 눈으로 본 세계사』, 뿌리와이파리, 2011.

에머릭, 야히야, 한상연 옮김, 『(상식으로 꼭 알아야 할) 이슬람』, 삼양미디어,

2012.

터너, 하워드 R., 정규영 옮김, 『이슬람의 과학과 문명』, 르네상스, 2004.

홀랜드, 톰, 이순호 옮김, 『이슬람 제국의 탄생』, 책과함께, 2015.

3. 웹사이트

한국이슬람중앙회 www.koreaislam.org

한국이슬람학회 islamhakhoe.org

연표

시기	내용
기원후 570	쿠라이쉬 부족의 하쉼 가문에서 무함마드 태어남.
622	무함마드와 무슬림이 메디나로 이주(헤지라), 이슬람력의 기원.
632	무함마드 죽음, 아부 바르크가 제1대 칼리프 자리에 오름.
656	무함마드의 사위 알리가 제4대 칼리프 자리에 오름.
661	무아위야가 우마이야 왕조를 세움.
680	카르발라의 참극으로 무함마드의 외손자 후세인이 살해당함.
723	신라 승려 혜초가 광저우에서 서역으로 여행을 시작함.
750	아불 아바스가 아바스 왕조를 세움.
756	이베리아반도에 후 우마이야 왕조가 성립함.
762	바그다드가 아바스 왕조의 수도가 됨.
813~833	칼리프 알 마문의 통치 아래 이슬람 학문이 크게 발전하고 이슬람 세계 전역에 지혜의 집이 세워짐.
861~945	아바스 왕조의 칼리프 알 무타와킬이 살해당하고 이후 맘루크들이 아바스 왕조를 사실상 지배함.
969	파티마 왕조가 카이로를 점령, 북아프리카를 장악함.
1024	대규모의 아라비아 상인들이 고려를 방문하고 무역 거래를 함.
1038	셀주크 튀르크의 투그릴이 술탄의 칭호를 얻음.
1055	셀주크 튀르크가 바그다드를 장악함.

시기	내용
1071	셀주크 술탄 알프 아르슬란이 만지케르트 전투에서 비잔티움 제국에 승리하고 비잔티움 황제를 포로로 잡음.
1099	십자군이 예루살렘을 점령함.
1171	살라딘이 파티마 왕조를 쫓아내고 아이유브 왕조를 세움.
1187	살라딘이 십자군으로부터 예루살렘을 되찾음.
1258	칭기즈칸의 손자 훌라구가 바그다드를 점령함.
13세기 중	인도 북부 이슬람화. 인도네시아 북부에 이슬람 소국이 세워짐.
1299	아나톨리아에서 오스만이 제국을 건설함.
1355	이븐 바투타가 『세계 여행기』를 펴냄.
14세기 후반	오스만 제국이 발칸을 점령함.
1427	조선 세종이 무슬림의 의복을 금지하는 명령을 내림.
1444	조선 세종의 명령으로 이슬람력을 참고로 한 『칠정산외편』이 제작됨.
1453	오스만 제국이 콘스탄티노플을 점령하고 이스탄불로 개명함.
1492	크리스트교 세력이 그라나다 왕국을 점령하여 이베리아반도에서 이슬람 세력이 물러나게 됨. 콜럼버스가 아메리카 대륙에 도착함.
1498	포르투갈의 바스쿠 다가마가 아프리카를 돌아 인도로 가는 항로를 개척함.
1501	샤 이스마일 1세가 페르시아에 사파비 왕조를 세움.

시기	내용
1526	오스만 제국의 술레이만 2세가 헝가리를 정복함. 술레이만의 통치 아래 오스만 제국이 전성기를 맞이함.
17세기 중	러시아와 오스만 제국의 영토 전쟁 발발함.
1683	빈 진투에서 패배하여 오스만 제국이 유럽에서 물러남.
1699	오스만 제국과 유럽 국가들이 카를로비츠 조약을 체결하여 헝가리와 우크라이나, 그리스 남부를 유럽 국가들에게 내어줌. 이후 오스만 제국은 계속 쇠퇴함.
1826	오스만 제국의 술탄 마흐무드는 예니체리 부대를 해체하고 근대식 군대를 창설함.
1909	압둘 라시드가 『조선 여행 보고서』를 작성, 오스만 제국에서 출판함.
1924	오스만 제국이 문을 닫고 세속주의적인 터키 공화국이 세워짐.

생각하는 힘-세계사컬렉션 13

알라의 나라 이슬람
중세 유럽 세계를 압도하다

펴낸날	**초판 1쇄 2018년 10월 11일**	

지은이	**문지은**
펴낸이	**심만수**
펴낸곳	**(주)살림출판사**
출판등록	1989년 11월 1일 제9-210호

주소	**경기도 파주시 광인사길 30**
전화	**031-955-1350** 팩스 **031-624-1356**
홈페이지	http://www.sallimbooks.com
이메일	book@sallimbooks.com

ISBN	978-89-522-3859-7 04900
	978-89-522-3910-5 04900(세트)

※ 값은 뒤표지에 있습니다.
※ 잘못 만들어진 책은 구입하신 서점에서 바꾸어 드립니다.
※ 각각의 그림에 대한 저작권을 찾아보았지만, 찾아지지 못한 그림은
   저작권자를 알려주시면 그에 맞는 대가를 지불하겠습니다.

이 도서의 국립중앙도서관 출판예정도서목록(CIP)은 서지정보유통지원시스템 홈페이지
(http://seoji.nl.go.kr)와 국가자료종합목록시스템(http://www.nl.go.kr/kolisnet)에서
이용하실 수 있습니다.(CIP제어번호: CIP2018004667)

책임편집·교정교열 **박일귀 최문용** 지도 일러스트 **김태욱**